# Die Not-To-Do-Liste

52 Wege,
die größten Lebensfehler
zu vermeiden

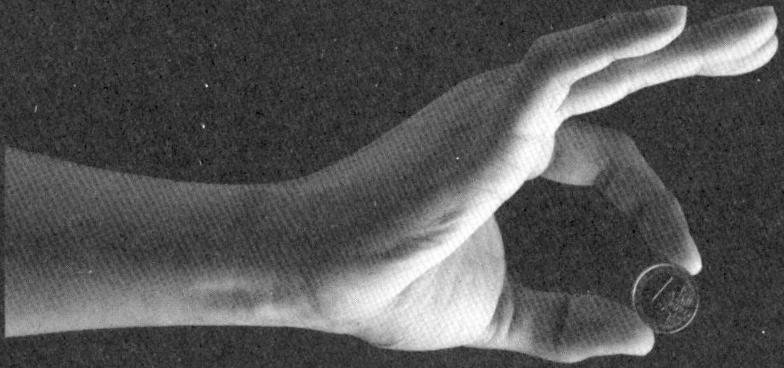


作者
Rolf Dobelli
魯爾夫·杜伯里

繪者
El Bocho
艾爾·波丘

譯者
鐘寶珍


# 人生不踩雷的藝術

## 52個如何避免毀掉人生的技巧

# 目錄 CONTENTS

獻給我的妻子克拉拉・瑪麗亞・巴古斯和我們的兒子

# 前言

就像有人蒐集黑膠唱片一樣，有人則蒐集電子遊戲機或復古服飾，而我多年來一直蒐集著失敗的故事——那些發生在我們人生、事業、婚姻或家庭裡的挫敗事蹟。

托爾斯泰在他的不朽鉅著《安娜．卡列尼娜》（*Anna Karenina*）中開宗明義這樣寫道：「幸福的家庭彼此相似，不幸的家庭卻各有各的不幸。」換句話說：純粹是幸福會讓讀者覺得無聊。幸福平淡乏味且單調局限，就像不沾鍋上的鐵氟龍那樣平滑，但不幸所揭露的世界則遠遠更多、更精彩。不幸有其紋理結構，往往還能教會人一些什麼，而這也是為什麼我要蒐集它。

許多大學在畢業典禮那天會邀請貴賓演講，目的是對那些即將進入職場的年輕學子，面授幾句智慧箴言。而那些貴賓通常是這所大學特別傑出的校友。就像一九八六年六月十三日這天，哈佛大學請來了當時六十二歲的投資家查理．蒙格（Charlie Munger）。本身就是哈佛校友的蒙格，曾與巴菲特（Warren Buffett）共同創立可能是史上最成功的投資控股公司波克夏．海瑟威（Berkshire Hathaway）。蒙格當天的演說很不尋常，連講題本身聽起來都極其古怪：「如何保證過著悲慘人生」（How to Guarantee a Life of Misery）。他沒老生常談成功人生的智慧，而是提出四個忠告，告訴你如何走向保證失敗的人生。蒙格完全逆向操作，而這點子簡直太絕妙。因為負面忠告不僅表達起來更強而有力，也更具體明確，更不容易讓人忘記。就像儘管有許多關於幸福的研究，我們還是無法明確說出什麼會讓人幸福，但我們卻肯定知道什麼能毀掉幸福。同樣的道理，我們並不確實知道讓人成功的祕方，但肯定知道什麼會讓成功化為烏有。因此只要小心留意，並避開這些成功殺手，通往成功的正道自然會在人面前展開。

其實蒙格的點子也不算新穎。早在十九世紀，普魯士的數學家卡爾・雅可比（Carl Gustav Jacob Jacobi）就運用過這種思維方式。雅可比確信，有時候只有徹底翻轉一個問題，把它倒過來看才可能找到答案。這在專業術語上叫「逆向思考」，愛因斯坦就是運用這種思維修正了牛頓的萬有引力原理，使其符合馬克斯威爾的電動力學，而不像所有其他人那樣，以修正馬克斯威爾的理論來符合牛頓定律。走長期投資路線的理財者可能會先自問：那些經營方式最能搞垮一家公司？然後只投資在那些穩健可靠、堅不可摧的公司上（例如美國的可口可樂或瑞士的少女峰鐵路公司）。有關這類逆向思考，蒙格曾說過一句警世妙語：「告訴我會死在哪裡，然後我絕不會往那裡去。」我經常引用蒙格的話，正因為他不僅是傑出的理財投資者，也是位天資卓越且總不吝於發表犀利言論的思想家。可惜就在我寫這本書的同時，他以高齡九十九歲去逝了。

回到「逆向思考」：我們向來喜歡高估成功所扮演的角色，同時也一貫低估失敗因素。為什麼？因為只有成功的企業、計畫或人物，才上得了媒體版面。反之，沒有人會對失敗者感興趣。如果真有魯蛇寫自傳，大概也沒有出版社想幫他出書，或至少也找不到讀者。於是，我們就這樣一直讀著成功的故事，然後活在一種錯覺裡，想像成功是經由不遺餘力地結合一連串成功因素，而不是透過避開成功殺手。然而，我的建議是：去那些失敗的企業、計畫、人物、婚姻或家庭墳場看看吧。在那裡你可以學到最多，學到你得迴避哪些人生地雷。

在我至今出版的十二本書中，有三本獲得了巨大的成功，有幾本卻是不折不扣的大翻車。我不知道為什麼《思考的藝術》（*Die Kunst des klaren Denkens*）會變成全球暢銷書，卻很清楚那幾本失敗的書為什麼翻車。能夠從反向視角看世界的人，會把光引進黑暗中。

我以前的書就相當於那些傳統的大學畢業典禮演講，它給你關於清晰思考、聰明行事以及如何過上更好人生的建議。但這本書我要反其道而行。我要向你呈現所有你最好避免的行為與思考模式的大集合——一張「地雷清單」（Not-To-Do-List），或者換個方式說，一本白癡百科全書。認識了這張清單，你就能繞路而行、趨吉避凶。

寫這本書時我心裡總會想到我兒子。我想像著哪天當他們成年時，我會把這本書遞給他們並說：「希望這本書能幫你們的人生省掉一些問題跟麻煩。避開這五十二件事，你們就能樂觀看待未來。」不過他們聽了或許會大笑，然後說：「好意心領啦，老爸，可是我們更想要的是一輛車或環遊世界基金欸！」

魯爾夫．杜伯里

# 01 得過且過、敷衍了事的人生

從前有個人住在屋頂漏水的老房子裡。每當下雨時，自然不是修理屋頂的好時機；但天氣晴朗時，他又看不到有防雨防漏的必要性。如果你想要有個糟糕透頂的人生，我建議你就像這個人一樣過日子吧。儘管一步一步地忽略你的房子、車子，你的身體、你的心靈，你的人際關係和你的事業前景——沒錯，也就是你整個人生——的保養。只有這樣，你才能保證自己的人生真的很廢。

## 理智的輕聲細語

那是個風狂雨驟的星期二，二〇一八年八月十四日，熱內亞的莫蘭迪大橋（Morandi-Brücke）垮掉了。這座橋位於一條重要交通動脈上，連接著義大利里維埃拉地區（Riviera）與法國的海岸。它完成於一九六七年，由義大利土木工程師里卡爾多·莫蘭迪（Riccardo Morandi）所設計：三座橋塔分別支撐著多條預力混凝土懸臂——一種在當時非常新穎的建築方式。其實早在這座橋倒塌前，就有專業人士對它的混凝土與橋墩斜撐支柱的腐蝕現象表示過疑慮，但沒有人採取任何行動。在它的中間橋段突然垮下來時，有幾十輛車也跟著掉到四十公尺深的橋下。為了搶救生還者並搜尋遇難者，立刻展開了一場緊急救援行動。在那之後，人們更傾盡所有，以一種令人側目的行動力火速修建新橋，使它在二〇二〇年八月重新開放通車。而無論是那些英勇的救難人員，或是負責修建新橋的明星建築師倫佐．皮亞諾（Renzo Piano），全都受到熱烈讚揚。

同樣在二〇一八年八月十四日、風雨交加的星期二這天，離我位在伯恩的辦公室只有幾公里遠的菲爾任瑙（Felsenau）橋，並沒有垮掉。這座完工於一九七四年的橋樑，位在瑞士最重要的交通軸線Ａ１高速公路上。就橋齡、結構、建築材料、長度和交通流量來說，它與熱內亞的莫蘭迪橋都幾乎不相上下。不過在伯恩這裡，沒有人在歌功頌德任何人。沒有人為那些負責長期養護橋樑的專業人員蓋紀念碑，也沒有人為他們獻上勳章，甚至連一篇地方小報上的表揚都沒有。

養護工作不是一種英勇作為。它單調無聊，一點都不性感迷人，很多時候我們連看都看不到。然而，它並不會因此就比英雄行為不重要，甚至完全相反。我們總是過分高估一項宏偉的設計或英勇救援行動的價值，也總是過分看輕悄然無聲的持續性養護工作——而且不僅在公共建築工程，也在私人領域裡。我們會讚揚把自己從某次致命心臟病發的鬼門關救回來的外科醫生，卻忘記透過定期檢查讓我們至今沒有因大腸癌一命嗚呼的家庭醫師。我們歌頌自己的真命天子／天女向我們求婚的那個榮耀時刻，卻看輕日常的、單調重覆且曠日廢時的維繫關係之價值。套句喜劇演員哈沛．科可林（Hape Kerkeling）的話來說：「對於愛，你得努力、努力，再努力。」

即使在經濟世界裡，負責養護的存在也堪比牆邊不起眼的小花。公司創辦人和扭轉企業命運的執行長會被歌頌追捧，但誰會去稱許讓成千上萬家公司行號——從企業、工廠、數據中心、電力公司、物流倉儲到垃圾清運——順利運作的數百萬中階管理人員呢？《紐約時報》的專欄作家大衛．布魯克斯（David Brooks），以「我們這個時代不被歌頌的英雄」，恰如其分地描述了這些看不見的中階管理者。但沒有人會去寫他們的故事。

一場地緣政治裡真正的英雄，不是贏得戰爭的將軍，而是阻止戰爭爆發的個體——也就是那些讓國家與國家之間保持對話，並建立起有效嚇阻作用的政治人物、外交官與公務員。不過，有人會為一場沒發生的戰爭去獎勵外交官嗎？有人會去讀他們的回憶錄嗎？

事實是：認真做好養護工作，不會讓你贏得獎牌或勳章。然而，這項工作卻比所有其他事都更重要！如果你想要擁有美好人生，我的建議就是：不要讓東西「壞掉」！你得仔細認真、小心謹慎——就像航空業裡負責保養最先進噴氣推進裝置的技術人員那樣：除了滴水不漏的維修保養，也要採行精良的效能監控系統——不管是溫度、壓力或震動，只要數值偏離標準絲毫，就讓飛機停止執行飛行任務，並立刻檢修讓它恢復正常。而你也應該要讓自己習慣這項原則——覺得爬樓梯比以前吃力？讓醫生檢查一下吧。另一半總是火氣很大？好好談一談吧。家裡屋樑上有蛀蟲？在屋頂轟然砸在你頭上前，趕快請專人來處理吧。絕不要等到東西壞掉，而是要未雨綢繆，讓事情根本沒有發生的機會。寧可當無名英雄，也不要變成悲情的魯蛇。

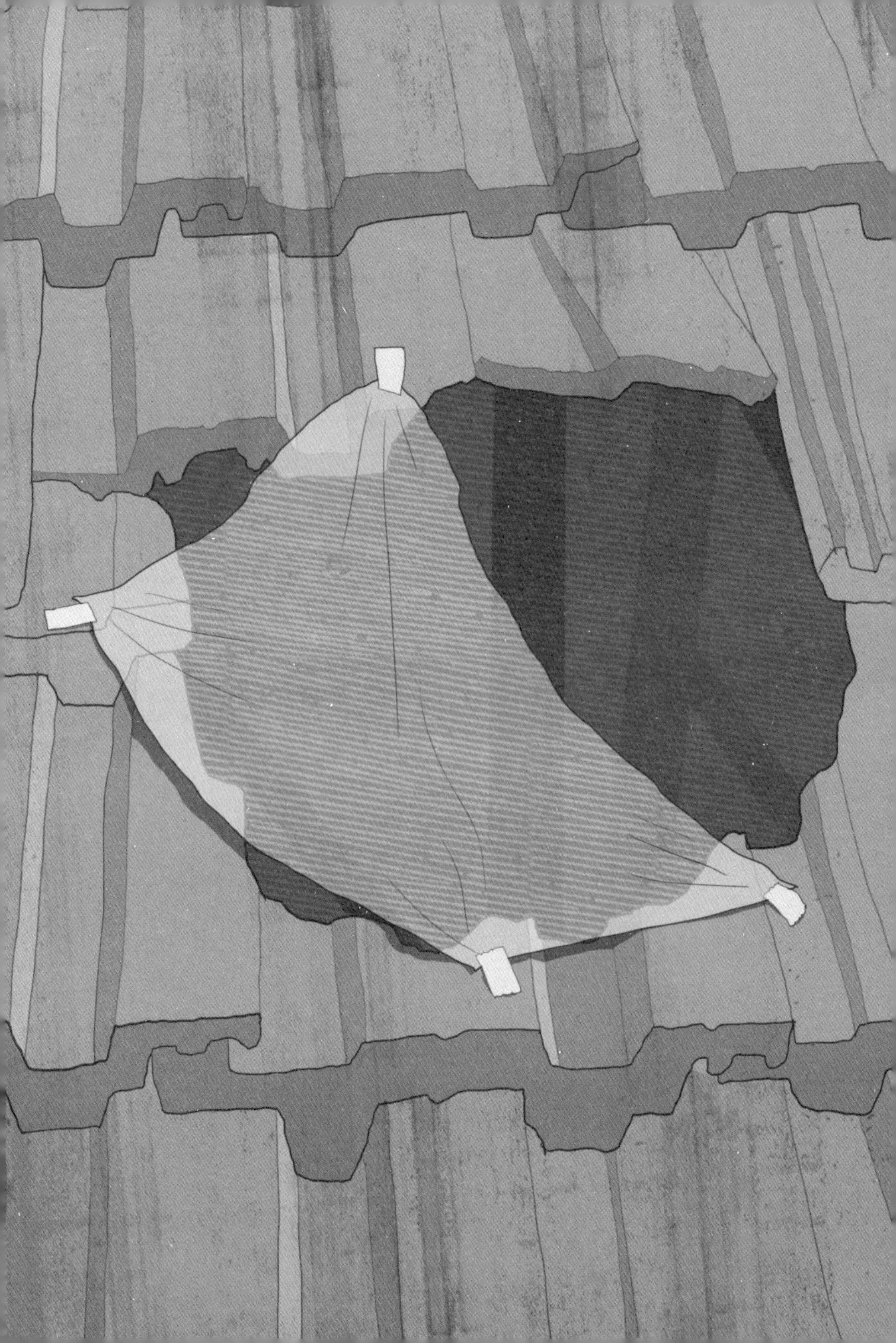

# 02 壯大你內心那隻因循苟且的怪獸

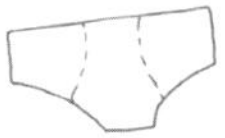

一種自我紀律失調症的流行病正在我們當中蔓延。每兩本心靈雞湯的勵志書中，就有一本在鼓吹如何增進自我動機。「**突破自我設限，紀律——自我掌控的力量**」或「**動機迷思**」這樣的標題，幾乎是登上暢銷書排行榜的保證。不過你可別讓自己染上這種偽宗教，寫那些書的人不過是想賺錢。當你對某件事興趣缺缺，就是你的中樞神經系統在對你發出明確訊號：做這件事真的沒有用。否則數百萬年來的演化，為什麼得發展出這種複雜的感受？你就信任自己內心那隻因循苟且的懶獸吧，牠是你最忠實的朋友。當牠嗷嗷叫時，你就放下手邊一切，搔一搔牠、陪牠玩耍，丟給牠幾根香腸。

動機當然必須來自外在，並非像那些作者所認為的發自內心。所以，如果你的動機跌到谷底，錯不在於你；整體來說，那是這個世界的錯。只要這個世界沒有給出一個你該起床或完成某些任務的理由，錯的就是它自己。所以繼續賴在床上吧。自發性動機跟塑膠袋或殺蟲劑一樣，純屬非自然產物。讓我們看看自然界中的動物，譬如大猩猩。牠整天蹲坐著，不時搔一下這裡那裡，然後把吃下肚的食物消化掉。壓力大嗎？心情很糟嗎？沒這回事。順帶一提：人類跟大猩猩，共享百分九十八的相同基因。所以我們很合理地，也應該向大猩猩、而不是向那些鋼鐵紀律的信奉者看齊，後者根本已經忘記人類的天性。沒興趣就是沒興趣——我們演化上的老祖宗，早就知道這點。

所以，遵循這個座右銘過一生吧：「今日事不需今日畢，明天再做也可以。」最好是結交一群志同道合者，一起對他人的過度自我激勵嗤之以鼻。甚至，你說不定還可以組織一場國際性的「拖延至上」運動？喔不，還是不要好了，這種事一定費時又費力。

## 理智的輕聲細語

德文裡「內心的豬狗」（innerer Schweinehund）這個詞，大約一百多年前開始有人使用。但它真正成為流行用語是在二次世界大戰之後。當時，學校裡的體育老師總是對學生大聲疾呼「戰勝自己內心那隻懶散的怪獸」——也就是要他們透過紀律和意志力，來克服人天生的惰性。每個人心裡都住著一隻這樣的怪獸，確實是演化的事實。因為對以狩獵、採集維生的人來說，強迫自己做並非絕對必要的事，完全有害無益。儘管如此，那些還是採取行動的高動機者會耗掉自己身體珍貴的卡路里，而這會讓他無法在下次飢荒中倖存——於是他們的基因從基因庫中消失了，而我們是那些缺乏動機者的後代。

我們的老祖宗在免於飢餓、躲避危險或繁衍下一代這些事情上，通常很積極。不過只

要肚子填飽了，就沒有比發懶更合理的事。他們既沒有冰箱來保存過多野味，也沒有銀行戶頭可寄放剩餘的莓果，唯一的冰箱就是別人的肚子。假設每個人在獵到野牛後，都不是勉強自己暴食或把剩餘留給鬣狗，而是做好事慷慨分贈——送給自己的族人，甚至分享給鄰近部落——這樣即使有人幾天獵運不佳，還至少可仰賴他人。

然而，今天這個世界的需求卻恰好相反。我們整個基礎設施的建立，為的都是積累——從大型倉儲到退休基金，從成績證明、技術知識、出版物，到社群媒體上的按讚數。幾乎所有的東西都可以被累積並儲藏，以便日後再用。於是，突然間我們內心的那隻豬狗，人天性中的懶散懦弱變成了障礙。我們該怎麼做，才能對它的哀鳴充耳不聞呢？自發性動機的運作方式，就好比肌肉。儘管你的意志力如果在白天被過度耗損，就會像肌肉一樣疲累無力，但在此同時你也鍛鍊了它：經年累月之後，你的意志力會強大起來，而你也會發現自己愈來愈能克服內心的弱點。自動自發雖然辛苦，但是是可以學習的。

可惜要引發別人的動機，就沒那麼容易了。你或許可以一手給糖、一手拿鞭（也就是利用激勵機制），恩威並施地敦促你的另一半、你的孩子或同事，但這跟動機是兩回事。真正的動機只能發自內心。假若你身為上司，而下屬卻不激勵就不行動，那你其實已經沒有勝算（參見〈試圖改變別人〉一章）。比較聰明的做法，是一開始就聘用高度主動積極的人——而且你自己也得是這種人。順道一提：如果你有個完全缺乏動力的伴侶，與其挖空心思激勵他／她，早點分手或許比較明智。

# 03 成為一個靠不住的人

俗話說：「一旦名聲毀了，人就肆無忌憚，無恥走天下。」所以如果你真心渴望不幸的人生，毀掉自己的名譽就是首要目標、當務之急。你該奉行的準則是：千萬不要信守諾言！如果你希望自己成為那些最有趣的圈子的拒絕往來戶，「完全靠不住」就是你最重要的人格特質。投資家蒙格在洛杉磯哈佛學校（Harvard School）的一場演講中這樣說：「不管你所有的優點發揮多大的作用，只要你不值得信賴，一切都是白搭。」

而我建議你甚至還能更上一層樓：不僅別甩任何人對你的合理期待，還可以天花亂墜大開支票，再隨即失憶忘光。然後，你漸漸地也不用再許下什麼承諾了。因為每個人都會知道你只開空頭支票，對你再也毫無期待。或許偶爾一兩次還有人上當，但其他人都不想再跟你有任何瓜葛。身為職業偽君子，意謂著你得不斷找到新的受害者。只是這終究會愈來愈難，因為人們會談論你。你會變成別人茶餘飯後八卦的對象，你的名聲會慘跌谷底——然後終其一生翻身無望。我的建議：就把你的承諾，當作用過即丟的衛生紙吧！

## 理智的輕聲細語

我總是對這種人所能達到的成就感到驚奇不已——他們智商並不頂尖，不是特別有創意，也沒有多能言善道，但就是非常值得信賴。「可靠」是最被低估的成功要素，我甚至相信它是最有力的因素！只是聰明過人，無法讓你在人生路上不跌跤。只要想想在一九九八年破產的避險基金長期資本管理公司（Long-Term Capital Management）裡，幾乎每個管理階層的人都智商超高、聰明絕頂——那裡面甚至還有兩個未來的諾貝爾經濟學獎得主！創造力、運動精神或個人魅力，也都不能保證你成功。但「可靠」卻能。假若你做人值得信賴，就根本不可能垮掉——沒有堆積如山的謊言，就不會有倒塌崩壞的機會。而且如果你智商與才華之高，都已經趕上銀河系等級——為何不在此之外也順便很「可靠」？這應該不會多費你一點工夫。沒錯，每個我所認識的既聰明且有創意的人，不管是明星建築師、諾貝爾獎得主或國際知名音樂家，做人都超級可靠。而他們並不會因此就比較不酷，恰好相反，靠不住才一點都不酷！

十八世紀為國民經濟學理論奠下基礎，並以此聞名的蘇格蘭道德哲學家亞當．史密斯（Adam Smith），認為國家社會是拜勞動分工之賜才得以富裕。而「創新」在後來也被認為扮演著重要角色。不過即使在國民經濟的領域裡，人們也喜歡忽略「可靠」這個隱形的成功要素。地表有八十億個消費者、上億家公司行號、千百萬種不同的產品，還有數以兆

計算的物流，而這一切能順利運作，全仰賴一種極致的可靠性。從大處來說，契約規範了可靠性。一家公司沒有按照期限或要求的品質出貨，可以因此被告上法庭。從小處來說，可靠性則決定於名聲。而在網路時代裡，名聲是一種可以瞬間岌岌可危的東西。巴菲特就說過：「一個人得花二十年的時間才建立起名聲，但毀掉它只要五分鐘。」

過去如果有人把自己的名聲玩壞，或許還可搬到另一個城市重新開始。但今天這一套可行不通。因此，你的名聲真真確確只有被毀掉一次的機會。這代表你個人信用的價值——從經濟學理念來說——就是你剩餘職場生涯中所有生產折為現金流後的總和。如果好好計算一下，那數字應該很快就會破百萬千萬。再者，當個可靠的人不僅對所有其他人都更有利，你自己也可以享有一個心理上的小益處——信守諾言的感覺，是最美好的自我感受之一。食言而肥靠不住，絕對名列人生地雷清單要點！

# 04 當個眼中只有自己的混蛋

你已經以狂妄自大聞名了嗎？很好，那你還可以更進一步——想走向悲慘人生，沒有比當個混蛋那樣更直接的路。這招效果特別好，尤其是當你既不叫亞里斯多德，也不是諾貝爾獎得主；除此之外，無論你是貧是富、是美是醜、是重要人物與否……都無關緊要——因為混蛋就是混蛋。不過，一個真正的混蛋有那些獨到之處呢？以下是我的建議：不需要聽別人在說什麼，反正你永遠懂得比別人多；如果有人給你批評指教，就叫他回家先照照鏡子；絕對不需要表現出感激，就說自己能有今天全靠自己，身邊沒有任何人幫你；還有，在一個團隊裡工作，絕對要有功自居別客氣；但如果事情搞砸，就趕快把責任撇清，反正原因絕對不在於你。

好好禮讚你那偉大尊貴的「自我」吧。找個人氣攝影師來幫你拍照，然後把照片掛在辦公室裡。你得喜歡你自己——這樣至少確保不會沒人喜歡你。也可以請人照你的樣子做些小塑像，今天拜3D列印之賜，那也是輕而易舉的事。其中一尊就放在你的辦公桌上吧——你還是可以假裝帶點自嘲這樣做。至於其他副本，如果你沒有自己的書可送人，則很適合當小禮物來分贈。

你得留意自己講話時的語調和肢體語言：兩者都應該要盡量盛氣凌人，如此才能確保溝通全無尊重可言。偶爾丟出一兩句語帶輕蔑的評論，效果總是非常好。有關你的豐功偉業，自然怎麼說都不夠。我建議你，即使再小不過的事蹟也盡量吹噓。永遠都不需要設身處地為他人著想，只要考慮自己就好。不過，你當然得要求別人從你的角度替你設想，如此他們才能更理解你的立場。無論成就的是大事或小事，都不必謙虛。你就這樣想：成功必定歸因於自己能力超卓，失敗則永遠是外部因素干擾的結果。最後，只有當你確定可以得到回報時，才對他人伸出援手。

美國投資家蒙格說過一個這樣的故事：在一場葬禮上，牧師希望教區裡的親友鄰里對逝者說些好話。一開始沒人作聲，等了好一會兒之後，終於有人站起來說：「他哥哥比他更糟。」你就把這當作典範吧！終極目標是：以後來參加你葬禮的人，只會為一個原因而來——想確定你真的死了。

## 理智的輕聲細語

狂妄自大很容易，謙虛低調則很困難——尤其是當人有點成就時。比起對他人的成就，我們對自己的通常主觀體驗更強，也因此容易傾向高估它們，才會成功之後經常很快

就跟著傲慢起來。或許上帝在分配謙虛這項美德時，我們來得太晚沒趕上，所以只能靠後天理性培養。但假若你仔細思考前因後果，就會發現成功其實經常只是一長串偶然的結果——也就是連我們本身都無法掌控。所以，事實上人根本沒什麼好驕傲自滿的。

除此之外，幾乎所有人類造就的功績都是合作的結果。一個人成不了什麼事，集合眾人之力則幾乎無所不能。環顧一下你四周吧，不管是一本書、一枝筆、你的鞋子，還是牆上刷的顏料、窗戶的玻璃、天花板上的燈或你手邊的iPhone，沒有任何一樣東西，是只靠某一人之力就製造出來。即使是「你」這個人，也不是你自己、而是你的父母創造出來，而他們又是你千萬個祖先的傑作。總之，你所成就的一切都借助了成千上萬個他人之手，他們當中有些你認識，但絕大多數是陌生人。所以為人謙虛友善，懂得感激及尊重，不僅對你有策略性優勢，甚至完全理應如此且符合事實。

妙佑醫療國際（Mayo Clinic）在美國是服務品質最佳的連鎖醫療機構。在他們應徵新員工的面試中——不管要找的是祕書或明星級外科醫師——應徵者說話時使用「我」以及「我們」的次數，都會被仔細計算。明顯偏好使用「我」的人，會被認為不具團隊精神，也因此不適合在醫院工作。

結論：你的「自我」愈小，你的人生就會愈美好。但如果你就是個混蛋，那也怪不了別人用對待混蛋的方式來對待你。

# 05 對一切寄予厚望

把你對自己和他人的期望值都調到最高吧。想要走向自怨自艾的不幸人生，這招無論何時何地都很有效。美國投資家巴菲特在被問到婚姻穩固的祕密時（他的第一段婚姻持續了五十二年，第二段則還在進行中），提到的不是另一半該擁有美貌、聰明、才幹或情緒穩定等這類特質，而是一個人本身的「低期望值」。也就是說：降低期望值，是一段伴侶關係能細水長流且幸福快樂的最佳良方。因此，如果你想把自己跟伴侶的關係建立在流沙上，就想辦法對另一半寄予最高期望吧——還有，最好你的另一半對你也如此。這樣你們的婚姻必可創下最短命的紀錄。

適用於婚姻關係者，也適用在所有一般事務上。期望愈高，失望也就愈大，不管是對一本書、一部電影、一位朋友，對某個政府、對自己的健康、對人類的進步，或單純只是對今天這一天。假若你有孩子，趁他們年紀還小，你就盡其所能地把標竿調高吧。不過你為這個世界生下另一個李奧納多．達文西或瑪麗亞．斯郭多夫斯卡（Marie Sklodowska）——也就是後來的居禮夫人，諾貝爾獎雙得主——的機率，說實話微乎其微。

所以你的孩子保證會讓你失望——也會察覺到你對他們失望。於是，你等於在一開始那幾年，就替未來——最慢在他們青春期時——注定會支離破碎的親子關係，打下了基礎。

## 理智的輕聲細語

不管你願不願意，我們的大腦就是會自動產生期望。而大部分學者都認為，它是根據所謂的「貝氏」推論法來運作——「貝氏」之名，來自十八世紀的英國數學家湯瑪斯・貝葉斯（Thomas Bayes）。其原理是：我們的大腦會假定某件事有某種程度發生的可能性。然而，這種可能性的高低會因新經驗的累積而不斷修正調整——就像軟體持續更新那樣。

舉例來說，你按下馬桶的沖水鈕，會預期有水從水箱裡沖出。幾次之後，你的大腦注意到這件事幾乎總會這樣發生，因此便把它正確發生的機率，估算為百分之九十九到百分之百。不過，對那些很少發生或甚至首度發生的事——例如第一次的性經驗、上大學、換工作、有第一個孩子、首度創業或去環遊世界——這種估算當然要困難得多。大腦在這些情況下會無法取得經驗頻率資料，於是只能依據「希望」來估算——而這種估算值理所當然地會落太高，否則就不叫「希望」。

因此，如果美滿人生是你追求的目標，我建議你在遇到新經驗時採取下列步驟：先在等級分為0～10的量表上訂出你的期望值（0代表完全落空，10則是美夢成真），然後再

故意減掉三分。這樣做不僅能幫你省掉很多無謂的失望，在事實偶爾超過你門檻很低的期望值時，還能體驗到驚喜。不過有一點最重要：一定要留意讓你最親密、最信賴的人——如你的另一半——對你的期望值維持在低檔。這點有些棘手，畢竟你沒辦法隨意操弄他／她的大腦。然而，你可以從一開始，就毫不迂迴掩飾地與對方坦誠相見。也就是說，第一次約會時就不要偽裝，真實展現出自己原有——而且很可能一輩子都不會改變——的模樣。你當然不需要為了壓低期望值，就以一副邋遢樣登場，但絕對要不著痕跡地隱隱顯露自己的缺點和壞習慣。反正幾個月之後——如果你們的關係能持續這麼久——對方的「貝氏大腦」就能比較準確地評估你，不管那是不是你想要的。

假若他／她最後甚至決定跟你結婚，我建議你和你的另一半去讀小說。是的，我說的不是那種封面印得閃閃發亮，有著粉紅泡泡在小書報攤買得到的小說，而是文學作品，那些偉大的文學作品。那裡面描繪的多半是悲慘破碎的關係，而這種對比效應說不定會讓你的老婆或老公，認為你簡直是童話王子或公主的化身。

# 06 隨興虛度每一天

你計劃好今天要做的事了嗎？不過說實話，有這必要嗎？你真的打算完成這麼多嗎？把那些列在你待辦清單上的要點，都看作是「願望」、「一種希望的開始」或某種「滾動式選項」吧。而且這份清單不要寫給自己，要寫給一個或許能幫你完成一切的好心精靈。即使沒有，也無所謂。其實最好是根本就別計劃，因為那只會讓你自己壓力山大。

你寧可對隨興行事保持開放，因為我們的大腦就是為此而建構。當人漫無目的地四處遊走，大腦便會不斷湧現各種點子；反之，每日計畫——其實只要是計畫——是某種在本質上違反自然的東西，人類在演化上根本沒有為此做好準備。還是你記得有哪個史前遺址，曾出土過任何一份待辦清單？

把每一天都計劃好，會奪走你所有發揮創意的機會。計畫就像悶住火苗的蓋子，會熄滅你所有被燃起的點子——儘管那當中或許有百分之九十九點九「滅掉也不足惜」，可是誕生一個石破天驚的想法之機率，至少還是大於零。而且天曉得，說不定正是那僅剩的零點一的點子，讓你名震國際文壇或拯救地球。

反正時間管理這件事，本身就意謂著得消耗時間。而這些時間你本來是可以拿來成就某些事的——例如上亞馬遜網站查查特價品，或把早餐圖貼上IG。想要人生充滿懊悔跟遺憾嗎？那你可千萬別計劃！

## 理智的輕聲細語

成功人士會對自己下命令。企業家每天早上會空出兩小時來翻通訊錄，然後打電話給潛在客戶，即使他其實更想跟ChatGPT聊天。作家每天會保留一段六小時的時間讓自己坐下來書寫，即使有時候他根本興趣缺缺。美國作家茱莉婭．阿爾瓦雷斯（Julia Alvarez）有次這樣說：「如果我每天早上醒來都得為今天要不要動筆寫些東西下定決心，那我應該十之八九是毫無興致的。」總之，寫作是一種奮戰，幾乎每個我所認識的文字工作者都是如此。艾森豪將軍說過：「我給自己下了一個命令。」這句名言，他把自己決心要做的事，視同軍中長官給的命令——反對無效！

一百五十年前，曾經有個男人手中高舉一個信封，走向約翰．皮爾龐特．摩根（John Pierpont Morgan）——當時全世界最富有的人——對他說：「先生，我手裡握著一個保證成功的祕方，而我願意用兩萬五千美元賣給您。」（以今天幣值來算大約五十萬美元。）「先生，」摩根回答說：「我不知道您信封裡藏著什麼，不過如果您能讓我先看看、而且

我喜歡它的話，我以紳士榮譽之名向您保證，絕對會付那筆您要的數目。」於是，那個人遞過信封，而摩根打開它並讀過裡面那張紙後，付了這個人說好的兩萬五千美元。那張紙上寫的是：「每天早上都把所有今天必須完成的事情列成清單，然後一一完成它們。」

我所認識的每個成功人士都會做時間規畫，而且還是以一小時或半小時為時段來規劃一天。沒有標明時間的待辦清單，是不夠完善的。你應該把所有的待辦事項都填在日程表上，就好像那是重要會議一樣——你跟你自己進行的會議！這會強迫你去估算，每件事得用多少時段完成、每天可以排進多少待辦事項，還有哪些事你應該在早上腦袋最清醒的時候做——也就是那些最累人、最耗費心神的事。

時間規畫的唯一難題——即使再詳細規劃也無法避免——就是大多數的人對自己打算做的事情野心太大。眾人皆知，我們經常有高估自己能耐的傾向。不過這點其實也沒那麼糟，重點是你照著自己的預定計畫走，儘管它沒能完全收尾。你可以把剩下的事項順延，不過不是延到未知的某一天，而是定下明確時間，最好就是隔天早上——然後隔天起床後，對鏡子裡的自己說：「聽命行事吧！」

# 07 不幸福婚姻的祕密

假若你的婚姻關係基本上還算健全，但你卻無論如何都想把它搞砸，請牢記以下幾點訣竅。

首先，批評、挑剔另一半絕不客氣！例如，你老婆在一家只賣廢物的店裡發現了一件完全沒用的家飾品，而那東西現在已經佔有你家客廳最後的一個空白的角落：這到底是什麼鬼？尤其是那些燈飾、蠟燭、室內植物、抱枕、小擺設——全都是毫不實用的廢物——還在失控增加中！你得在這些沒用的東西落腳你家某處、最糟的情況是甚至成為你老婆的心頭好之前，立刻抗議。如果這樣還不夠，就開始暗中——但以還是會讓你老婆注意到的方式——把東西丟掉。反過來說，如果你的角色是老婆，就應該立刻把你老公丟掉的全都加倍買回來——而且刷的當然是他的信用卡。

其次，如果你對另一半的整潔觀念有意見，請毫不猶豫地用行動和言語來表現。例如當你神清氣爽地出差回來，第一時間該做的就是抱怨到處亂放的洗衣籃；然後在你的另一半面前，把自己不在的這段時間裡她／他因各種網購堆置的紙箱和紙盒，都整整齊齊地摺好；最後還在她／他生日時，送上一本近藤麻里惠寫的《怦然心動的人生整理魔法》當禮物。

當你的另一半——你曾經的摯愛——對你傾訴心中可能的煩憂，你最好什麼都不用回答。即使她／他不想被你的沉默敷衍，你也該繼續裝聾作啞無動於衷。對於「我看起來老嗎？」這樣的問題，回一句「大概就是你這年紀該有的那麼老」最恰到好處。至於「你覺得我這件新洋裝如何？」眼不離手機、嘴裡隱約吐出一聲「好」，是最佳衝突催化劑。假如有位超級模特兒就住在你們那條街，而你的伴侶這樣問：「你覺得她／他比我更有吸引力嗎？」你實話實說就好。

你得對鄰居的美麗動人、英俊瀟灑、熱誠真摯、魅力四射及事業有成，表示無限傾慕，而且要給人留下這種印象——你的另一半怎樣都比不上。而且比起你家裡那一位，所有其他爸爸或媽媽總是花更多時間陪伴孩子，而「在婚姻中也投入更多」——天曉得這到底意謂著什麼。讓自己不經意吐露「有時候我真希望你可以像×××那樣」，而這個×××，最好是你倆共有的朋友圈裡的某人。你也可以經常抱怨那些根本無法改變的事，像「如果你不是這樣的人，跟你相處起來應該會更愉快」。

想把婚姻經營到瀕臨破碎，出言貶低總是非常有效。你可以邊吃另一半精心準備的晚餐邊這樣說：「寶貝，我看你還是專注在自己比較在行的事情上就好。」或者「看！那邊有個美貌版本的你欸。」

此外，絕對不要認錯，要立刻回嘴反擊，最好還不忘「可是」這個小連接詞。例如對「你遲到了」這句話，你就回答「可是至少我做了頭髮」。總之，你應該把伴侶關係看成一種零和遊戲——也就是一方若有「損失」，另一方則必有「收益」。最後還有一招很管用：去搞婚外情吧。假若你事蹟敗露、另一半跟你鬧得不可開交，你就語氣強硬地嗆她／他：「你這可是反應過度了。」

## 理智的輕聲細語

有兩件事很關鍵地決定了你生活的品質：一是你思考的品質，二則是你關係的品質。有關思考的品質，我們會在另一章中討論。至於在所有的關係中，伴侶關係的品質最為重要。沒有任何其他人會跟我們共度這麼多時光，一起經歷人生這麼多美好或沒那麼美好的片刻。所以如果你的婚姻關係很糟，你的人生就會很糟，這是你無法用金錢或地位來補償的。許多研究已明確證實一點：寧可沒有關係，也不要一段惡劣的關係。

這裡我再提出兩點看法。首先，沒有衝突的關係，是不存在也不應該存在的；因為婚姻的更深層意義，正是由此衍生而來——兩個思考建構方式有別的大腦，會比單獨一個或兩個相似者，更能妥善解決各種疑難雜症（不管事關日常生活、小孩、收入或疾病）。而這種合作必然會產生的副作用，就是那些小衝突。

再者，當你決定從約會的關係進展到固定關係，就代表你已經有意識地停止追求優化——一旦有你認為目前手上握有較好的選擇，你就不再「交易」了。你把精神投注在自己所踏進的那段伴侶關係裡，就像企業家把精力投資在他的公司、而不是在股票交易上一樣。這樣做是有長期利益的，不管就關係或事業而言。「忠於伴侶或保持單身，事情就是這麼簡單。」

# 08 半途而廢——放棄永遠不嫌早

人生很難。失敗自然在所難免，不管在個人生活或在職場上。只有腦袋不清楚的人，才會接受不了「儘管不斷挫敗，還堅持要努力」這個事實。而你，就專注在「放棄」這門尊貴的藝術上吧。不是基於失望與挫折，而是把它當作一項更偉大計畫的一部分——完全像你本來就打算一直這樣做一樣。別管你阿嬤的忠告了——跌倒了就「站起來，帽子扶正，繼續拼！」我建議你反其道而行——跌倒了就「繼續躺平，丟掉你的帽子，大聲哀號」。不必為自己的失敗主義感到羞恥，人生很難，你的沮喪消沉不過忠實反映出這種本質。也千萬別拖太久才認輸，沒錯，你得當那個最先棄械投降的人。這會讓你在追求悲慘人生的賽事中，取得決定性的競爭優勢。

當有件事讓你的計畫翻車，你就應該把它理解為：這無疑是老天要你立刻放棄的信號。所以繼續躺平吧，讓自己適度沉浸在應有的自憐自艾之中——反正一切永遠都是這麼不公平。或許之後你可以換下跑道，到其他領域尋求發展，不過最久就待到事情又開始不順的時候吧——其實若能在那之前就放棄當然更好，如此一來，你甚至不用體驗到挫敗。

最理想的狀況，是把時間花在那些你根本不可能有機會失敗的事情上。例如去查你的天氣預報App，或去刷你在TikTok上訂閱的影片。祕訣是：只要你的活動僅僅是「消費」，就根本不可能失敗。這是多麼難能可貴的機會，因為在人類幾十萬年來的歷史裡，「不遭遇失敗地生存著」首度在今天變成可能。那種愉快滿足的感覺，是的，那種打開包裹的興奮與喜悅——你不過是前一天動動手指在網路上完成訂購！這種事怎麼可能失敗呢？那根本有如置身樂園，就像知善惡樹上的蘋果還沒被人吃掉前的伊甸園。

## 理智的輕聲細語

想要保證人生不幸福的人，通常一遇到困難——最慢也是第二次——就會放棄。我從沒認識過在人生路上不曾狠狠摔過一跤的人，你肯定也沒有。而這其實完全是人生這張地形圖的錯：它崎嶇不平，滿是坑洞，而且標示那些坑洞的繪圖技術還很糟。然而，人生還有另一種類型的坑洞，一種當你在自己的能力領域裡繼續鑽研時讓你跌跤的坑。這裡所說的是：無論你致力於哪一門事業，你都只能在一個有限的領域裡獲得成功。這是人生的基本法則之一。你得在這個能力圈裡變成絕對頂尖，你的效率——還有收入——才會以一種超比例的方式隨之提升。一個超級程式設計師的效率，不是普通程式設計師的兩倍，而是千倍。同樣的，律師、運動員、作家、創業者或投資家也是如此。這代表你得傾全力去獲

得自己領域裡最高的知識與技能。最好是你成為其中的佼佼者，而且是放眼全世界。

然而，在拓展專業的過程中，你免不了會碰上這樣的階段——那裡沒有老師、沒有說明書、也沒有範例可複製。此時你只能透過不斷嘗試錯誤，才能向前推進。也正是從這裡開始，你進入一個可以創造巨大價值、也因此必須死命堅持的階段。發明家愛迪生就來到了這個階段：他得經歷上千次試驗，才發現燈泡成功運作的模式。他那句經常被引用的名言，表達的就是這種正確心態：「我沒有失敗，我只是發現了上千種行不通的方法。」頑強堅持，會得到應有的回報。「Fail fast, fail often」——快快失敗、經常失敗，正是矽谷奉行的金科玉律。

可是如果哪一天，那個你再也得不到任何進展的瓶頸時刻來臨了呢？這其實也可能發生在愛迪生身上。我跟許多科學家——包括諾貝爾獎得主——討論過這個問題：你會在試過多少次之後才放棄，然後採取另一種全然不同的途徑？而一個從全世界失敗案例中所得出的共識是：這件事並沒有明確準則，不過比較會是在「摔倒」一千次而不是三次；堅持的時間也比較會是十年而不是三個月。所以如前所述，跌倒後你還是「站起來，帽子扶正，繼續拼」！

# 09 做個表裡不一的偽善者

鼓吹崇高的理想很美好，但你可千萬不要也有身體力行的念頭。勸人喝水，自己卻喝酒，是悲慘人生的正確飲食法。你可以深情款款地對伴侶宣稱這份愛對你有多重要，出差時卻一次又一次放心大膽地允許自己與他人浪漫出遊。你可以嚴格要求大家遵守公司的規矩——「我絕不允許有人跟我開玩笑！」但有客戶邀請你到加勒比海「開會」時，絕不會傻到拒絕說不要。身為執行長你得貫徹精簡成本計畫，但怎樣都不能讓人動到你的獎金紅利。你得以身作則開電動車去上班，但是搭私人飛機去度假也無妨。你可以一面大聲疾呼再開一條聖哥達（Gotthard）隧道，一面在列支登士敦這個避稅天堂保養你蒐集的保時捷。你在花園搖椅上一手握啤酒、另一手拿手機耍廢度日時，也別忘了該叮囑孩子，勤奮對人生有多重要。

順帶一提，道德雙重標準有兩種運作方式。你可以宣揚比較困難崇高的那個（例如：滴酒不沾），生活上卻力行另一套（只要沒人看到就無酒不歡），這是比較普遍的類型。但想成為偽君子界中真正的高手，就該反其道而行來欺世盜名。例如表面語帶包容，鼓吹更放鬆的生活（台詞：「這股健身熱真是完全荒謬！」），暗中卻偷偷執行鋼鐵紀律（每天在配有頂級設施的私人健身房至少鍛鍊一小時）。

只要是人，都有故作清高、惺惺作態的時候，因此我建議你拉大自己所言跟所行之間的差距。這兩者之間的落差愈大，你所要面對的挑戰——也就是在人前隱藏自己的真面目——就愈大，而這正是整件事最引人入勝之處！如果想要刺激到最高點，你就不管在私生活或在職場都至少多開幾條戰線，要騙就乾脆騙到最大。如此一來，事蹟敗露自然是早晚的事。而如果揭發你真面目的人，是一個朋友呢？那就指責他不是真正的朋友。一個真正的朋友，絕不會置真相於友情之上。

## 理智的輕聲細語

只要是人就會做假，我當然也不例外。要百分之百堅守自己的原則是不可能的事，而這有兩個原因：其一，有些原則是相互排斥的。你想當個愛家的完美父親，但同時又想事業有成？可惜這兩者你無法完美兼顧。你想站在聚光燈下受人矚目，但同時又想保有私生活？可惜這也行不通。你不想要有穩定的關係，卻希望有人能跟你患難與共？抱歉不可能。第二個原因：我們的意志力是有限的，而且它幾乎隨時在變。

至於，人對這種道德上的雙重標準可以容忍到什麼程度呢？經濟學家或許會這樣說：

直到虛偽作假的邊際效應，開始小於個人名聲損失加上自尊損失的風險為止。你的「名聲」極其珍貴，其實僅僅基於這點，你就應該自我要求，把虛偽作假的程度壓到最低。「自尊」是上面這個經濟學公式裡的另一個關鍵詞——你會從什麼時候開始，沒辦法再直視鏡子裡的自己？可惜這並沒有明確界線。我們的大腦是一部會把事情加以合理化的機器，它總會試著替每件無腦胡鬧或甚至該受譴責的行為找出理由。小說家厄普頓·辛克萊（Upton Sinclair）說：「你很難讓一個人了解某些事，如果他是因為不了解這些事才賺到薪水。」我們在合理化自己的行為這件事上具有無比的彈性，儘管那些行為可能錯得很離譜。這也是為什麼我們需要真正的好朋友，一個能當面直言、在你虛偽作假到已經太過火時提醒你。還有一點特別重要：停止對別人的虛偽作態反應過度！因為最大的偽善就是對他人的偽善忿忿不滿。虛偽作假絕對名列人生地雷清單，毫無懸念。

# 10 對你的壞習慣不離不棄

天無完人。所以不要有讓自己成為這種人的念頭！壞習慣是你性格的一部分，你得好好守住它們。保持你原本的樣子就好，如果有人想讓你改掉這些習慣——通常是假意託詞說想幫你——你可千萬別接受。基本上這些人純粹是自以為是，只想依自己的喜好來塑造你，絕對不要成為任人拿捏的黏土。

成功人士都知道，美好人生與一個人是否能剔除自己性格上的弱點有關。這些人年輕時會先努力增強自己的優勢，日後再想辦法克服自己的弱點。但如果不幸的人生是你追求的目標，你大可對這兩者都置之不理。繼續忠於自己有毒的情緒、不切實際的想法跟總是適得其反的行為模式吧。你喜歡打斷別人講話、不愛洗澡很邋遢、甚至一點小事就會讓你發飆開罵？So what？這就是你的本色啊！你傲慢自大、很會記仇而且做事輕率？你之所以是你，不正是因為這些！

假若你還在尋找自我，那你會在你那些壞習慣——而不是好習慣——的周遭，發現自己性格的核心。好習慣是一種文明的強制產物，也就是完全背離自然，這點即使是哲學家慮梭自己應該也會贊同。所以儘管壞習慣可能讓你心煩惱火，你對它們也不該輕言離棄。想要不幸的人生，我建議你率性忠於自己，放棄想變成更好的人的念頭。被「調整過」的乖乖牌多得是，但像你這樣與眾不同的怪胎可不多！

## 理智的輕聲細語

美國的開國元勛班傑明．富蘭克林（Benjamin Franklin）是一個天才，而且不僅在單一領域——這樣的人物可說是鳳毛麟角，極其罕見。他是公認的十八世紀最卓越的政治家之一，也被視為是那個時代的頂尖科學家。像電池、充電、放電、正極、陰極……這些今天跟電力電學有關的大部分用語，都是來自富蘭克林。他寫得出最好的論戰文章，是最成功的媒體企業家，也是火災保險、消防隊、避雷針和雙焦點眼鏡的發明者。不過很少有人知道，他其實並不滿足於這些超凡卓越的成就，而是不斷精益求精，追求自我改善。他在二十歲時，便擬出一個能讓自己性格「更臻完善」的計畫。富蘭克林列出十三項他想在人生努力培養的美德——如勤奮、節儉、決斷力或避免非必要的碎嘴閒聊。這十三項美德中的每一項，他都會有意識且全心全意地執行一星期。一個接一個，然後再從頭開始另一輪。

美國的傳奇籃球教練約翰．伍登（John Wooden）說：「能力會帶你登上巔峰，然而，能讓你保持在巔峰的，是性格。」我們當然都不是富蘭克林或伍登，但應該至少還是要嘗

試把自己的壞習慣改掉。因為一個人很難同時鍛鍊強項並克服弱點（除非這個人碰巧名叫班傑明．富蘭克林），我建議：年輕時多在自己的優勢上下功夫。因為四十歲以後的你，或許還能深化這些優勢，但卻幾乎無法再建立新優勢。而一旦你的優勢——如能力、思維、工作方式——穩固了，你就可以專注在自己的弱點並努力將它改掉。此時你的人生雖已進入下半場，而且改變性格的過程曠日廢時又困難，但無論如何，這麼做都很值得。

或許你也可以乾脆從「別再做一些顯而易見的蠢事」開始著手：好比不要過度飲酒、不要抽菸、不要自怨自艾、不要抱怨、不拖延重要的事、不亂開空頭支票、不要亂無章法、少說閒言廢話。其實只要能掌握以上這些，你就已經狠狠甩了大多數人好幾條街。

# 11 定下愚不可及的目標

如果悲慘人生是你努力的方向，那我建議你為自己定下一些再蠢不過的人生目標，譬如青春永駐——或至少想看起來青春永駐。立定志向，要滿街的青春少年（或至少同年者）都繞著你打轉。所以竭盡所能地去停下歲月的巨輪吧——所有當前可運用的包羅萬象的課程或療法，全都讓它們派上用場。你可以先從比較溫和的玻尿酸開始，接著進階到肉毒桿菌，最後再加上抗皺、提升緊緻療程。也可以試試刺激髮根的雷射療法；把你看起來太有個性的鼻子，做成精巧可愛的小翹鼻；再打點東西，讓嘴唇更豐厚迷人。總之，儘管在你臉上動刀吧，直到你看起來跟其他千千萬萬、也從不放過自己臉的男男女女一樣。你的存在會變成毫無個人特色：那些雖然細微、但長久以後還能讓人記得你的特徵，全都被抹除了。

你也可以定下一個得超高度仰賴「巧合」，才實現得了的目標。例如想當總理、諾貝爾獎得主或下一個愛因斯坦——而我可以向你保證，你至少可以達成這個目標：一個充滿挫敗的悲慘人生。

另一種愚不可及的人生目標，是譬如夢想晉升名人殿堂。想變成不管到哪都有陌生人在對你拍照那樣有名，你得不擇手段。而你的名氣，根本不需要奠定在任何基礎之上。這種莫名其妙的名人到處都有，他們之所以有名，就只是因為他們是名人——其製造者是一部永不消停的媒體機器，而它會剝奪你的隱私，讓你窒息到難以生存。

## 理智的輕聲細語

一直到不過數十年前，大多數的人活著都還像動物那樣，根本沒機會為立定生活目標傷腦筋。因為生存才是核心問題——一個非常合理的生活目標。即使在今天，情況對許多人來說還是沒有改變：只要去問問在烏克蘭／俄羅斯戰爭前線打仗、在肯亞首都奈洛比的貧民窟裡掙扎度日、或在海地廝殺惡鬥的幫派間夾縫求生存的那些人。怎麼活下去，在這裡就是人生目標。

然而，一旦個人的——亦即自己的與家人的——安全問題解決，展開在我們眼前的，則是浩瀚有如宇宙的可能性。有人或許會說，我們的人生會因此容易許多；可惜事實剛好相反：這樣的自由，反而經常讓人變得不知所措。以下是我的四點想法：

基本上人生目標無法被合理解釋，它沒辦法從自然法則中推演，還往往有隨年齡增長而改變的傾向。六十歲時的你，可能會質疑自己在三十歲時認為很值得追求的東西。原

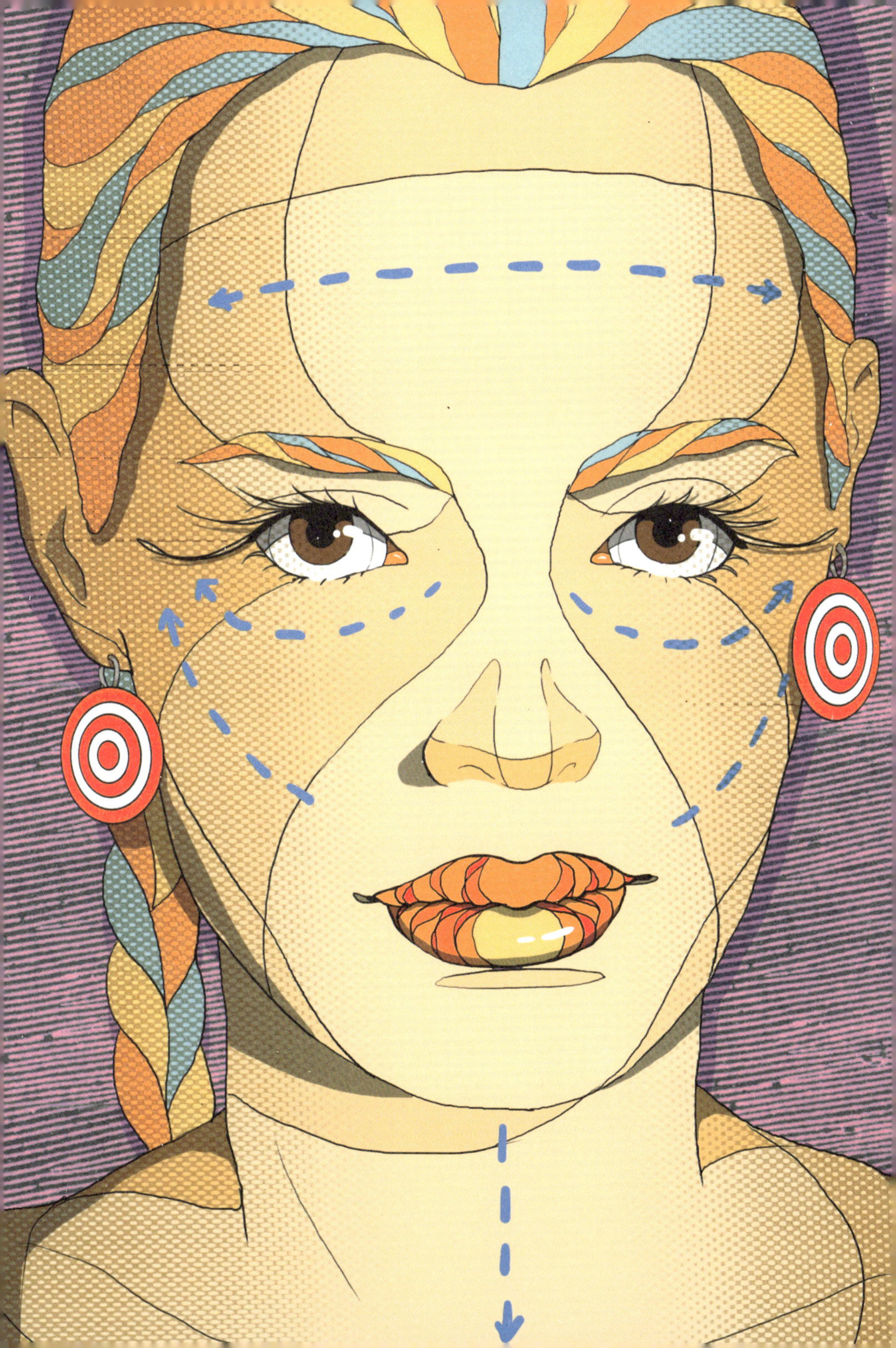

因：六十歲的你跟一個全然陌生的同齡者之間的共通點，還多過跟當年那個三十歲的自己。

然而，這種模糊性並不意謂著我們就無法評估人生目標，因為有些目標是打從一開始就注定會失敗。舉例來說，如果你希望即使老到雞皮鶴髮，外貌都還深具吸引力，那你現在就已經輸了。追求長生不老，同樣也注定得失敗——不管你每天吞掉多少維他命。此外，希望幸福無所不在、汲汲營營於躋身名流，兩者也一樣白費力氣。如果身為網路紅人的你，哪天在全球競逐「被關注」的狂熱中終於筋疲力盡不支倒地，那也是你自己的錯——而且這樣的結果，其實完全可以預見。我經常聽到這樣的話：「我覺得我根本從來都不想當銀行專員。」有些人生目標跟職業一樣（律師與演員也屬於這類），本身附帶的潛在不滿意度就比較高。而你能愈早認清這些會帶來不幸的「不祥之物」愈好。

不過「人生目標」這個詞，本來就不特別討人喜歡。它讓人腦中浮現一個標靶的形象，如果射偏你會感到挫敗，但如果命中紅心，又會立刻有「那接下來呢？」的問題，於是你又會需要一個新標靶。所以與其說是「人生目標」，或許說「人生方向」比較好。如此一來，我們所思考的東西便會接近斯多葛派哲學家所稱的「性格」，還觸及這個問題的核心想探討的——「我希望自己成為哪種類型的人？」而對此你只需要避免一個錯誤：過分執著於追求外在目標——如外貌、財富、聲譽、得獎紀錄、知名度、人氣——而非致力於提升內在。

至於有哪些內在目標是值得追求的呢？兩千五百多年來人們早就知道：如果你能成功地把一些有毒的情緒，像憤怒、嫉妒、自憐或焦躁不安，從自己的情緒範疇中刪除，並且行事理性、為人正派，幸福快樂與內心的寧靜平和，自然會隨之而來。總而言之：找到人生方向，要比追求速度或死命堅持某個人生目標更重要。而修身養性，正是你所能進行的最佳投資，也是你可以追求的最理想的人生方向。

# 12 做個把自己喝進地獄的酒鬼

水是用來洗澡的。而你身體應該保有的適量「水分」，就從酒精裡來攝取吧！在辛苦了一天之後，你完全有理由來一小瓶酒——或兩瓶。酒精——尤其是比較濃郁的紅酒——富含抗氧化劑，而這是出了名的對人體細胞有益。為了充分利用這一健康效應，最好將其分散在一天中攝取，而且最好就從中午開始——或早上。也許你可以用一兩小杯氣泡酒，來展開輕鬆愉快的一天；傍晚時則好好犒賞自己，窩進沙發裡享受更醇厚的瓊漿玉液——伏特加有益消化，威士忌讓人沉靜下來，干邑白蘭地則助你入眠。

不過並非所有的人都同樣了解酒精的益處，因此你很可能得把酒藏好，以免你的老婆或老公看到。一個小前提是：你家車庫放冬胎的那個位置後面，是藏酒的好地方——它有著近乎完美的地下室微氣候。另外，買酒時永遠記得用現金結帳，否則下次信用卡帳單一來，也就是你事跡敗露的時候。至於喝完後的空酒瓶該怎麼辦？你只有一個辦法：定期處理回收。否則一座空酒瓶堆成的小山，就跟它們未開瓶之前一樣富含訊息。

只是事情當然也可能這樣發生：儘管費盡功夫百般掩飾，老婆還是在幾個月之後把你

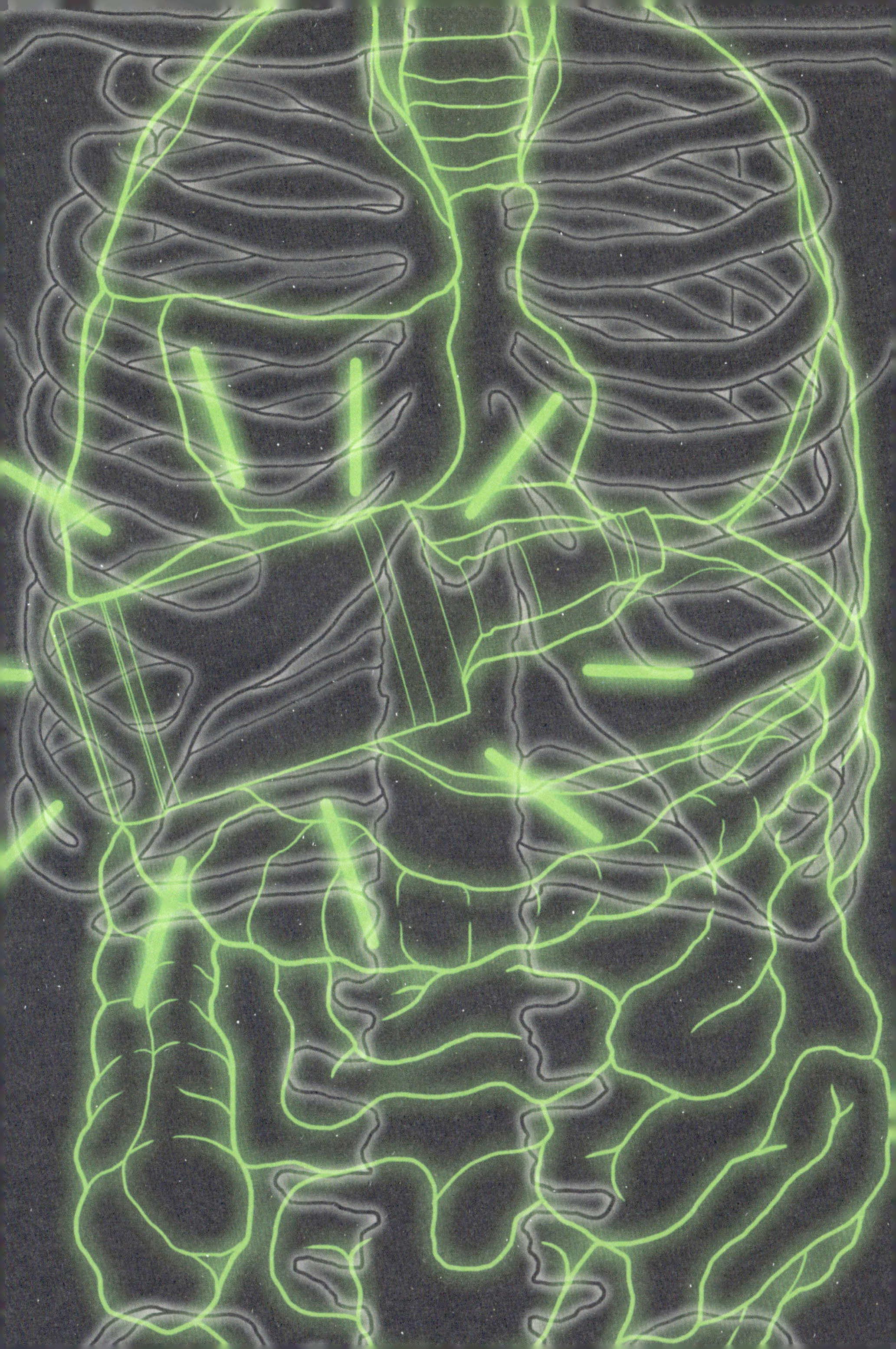

踢出家門，孩子不想跟你再有任何瓜葛，朋友也跟你斷絕往來——畢竟誰想把時間浪費在一個酒鬼身上？你也必須要有這樣的心理準備，你在辦公室裡情緒愈來愈常失控，對事情的專注力低到像孩童，而人們則開始在你背後竊竊私語。終有一天，所有的人都會明白這到底是怎麼一回事。不久之後你可能會丟掉工作，然後付不出給前妻和孩子的贍養費。

不過這一切你都不用擔心，畢竟兵來將擋水來土掩，人總是能找到對策。例如你可以假藉酒精作用下的錯亂失衡，進行各種「投資」來投機獲利，也可以搬到沒有人認識你的鄉下，打打零工勉強餬口。偶爾清醒時，你可能會自問自己怎麼會落到今天這般田地，怎麼可以對你的家人做出那些事。這會給你一股勇氣跟衝動，展開你的第十次戒酒，然後再度放棄，重拾酒杯——可惜酒癮比你還頑強。現在所有的一切都比你強。而你靈魂的悲慘世界摻雜著肉體的病痛衰頹，正如你加了琴酒的苦艾酒。想對付這點，只有灌進更多的酒這招有效。於是，很快地你會死於肝硬化。就是這樣——你完美的悲慘人生。

## 理智的輕聲細語

在德國，大約有一百六十萬到一百七十七萬名成年人，被認為有酒精成癮問題。這個數字在瑞士是二十五萬到三十萬之間。每個人都應該偶爾有把自己麻醉一下的念頭，畢竟生活有時候真的讓人難以忍受。挫敗、屈辱、命運無情的打擊……能夠把所有這些不如意暫時忘掉幾小時，是件很誘人的事。

不過請注意：把酒精當作自我醫療用品，是你向下沉淪的第一步。原本前程似錦的人，卻讓酒精像硫酸一樣腐蝕掉自己的人生，我看過太多這樣的例子。這其中最險惡的，莫過於酒癮是一種讓你「緩慢下滑的斜坡」——沒有人是在一夜之間變成酒鬼，向下沉淪更常發生在不知不覺之中。而助長這種成癮過程的，是你根本不需要透過祕密管道來獲取這些「貨」，它在每間超市都可以輕易買到。在我固定的晨間超市採買中，我總會看到一些滿臉鬍渣且有點年紀的男人，結帳時把半打高酒精含量的烈酒放在輸送帶上。他們得趁生理狀況還允許時，一大清早來做這件事。沒有人會投以責備的眼神，他們買酒的樣子，就好像買的是可頌麵包，而他們的酒精成癮是被整個社會接受的。

因此，請把酗酒這件事列在你的人生地雷清單上吧。一旦你突然發覺自己喝酒是為了自我麻痺，請停止繼續喝下去。立刻。絕對不要自我藥療！想要把日子過下去，有其他更好的辦法。也不要自欺欺人，說晚上喝杯紅酒有益健康，科學上在這方面的證據根本薄弱不堪。如果身體健康真是你的目的，喝杯石榴汁其實更棒——那裡面的抗氧化劑可勝過酒。

# 13 愛管他人瓦上霜

你家隔壁幾年來埋伏著一場婚姻危機，總是不斷以各種強度和形式在爆發。這對關係已破裂的夫妻，他們的女兒顯然有厭食症得被送進醫院，而兒子則是在十五歲時，就把比他大上二十歲的女老師肚子搞大——而那個身為死硬派天主教徒的女老師，還拒絕拿掉孩子。其實除了這家人，你家那個社區也從來不無聊。像你們那條街有個人的兒子就缺席了自己的婚禮，因為愛上自己未來的小姨子；而那個地方區域聯盟足球隊的教練，為了翻新俱樂部會所，居然在休閒活動用品行偷了一整組工具——包括鍍鎳螺絲起子——而且顯然還不是第一次；還有你孩子的豎笛老師，據說是好心幫了學校的管理員綁鞋帶——反正她自己是這樣跟孩子們解釋的，當這一男一女在腳踏車車棚後面被發現時。

這是怎樣的醜聞、怎樣的鬧劇！所以你當然絕不能置身事外。你得立刻且處處積極涉入，畢竟你對每件事都有看法，而且誰是誰非，腦袋裡也通常已有定見。去找所有的當事人攀談，讓各方人馬詳述事情的來龍去脈——因為事實經常比我們想的還勁爆。融入每位當事者的角色，揣測他們最惡劣的動機。

接下來表現出你充分理解，並提出所有的建議。只有這樣，你才能得知更多細節。其實在全力展現自己值得信賴的同時，你也可以放心玩點煽動點火的小把戲。而你會看到，這比Netflix上的影集還更刺激。甚至你會覺得，自己正在指揮一首充滿戲劇張力的交響曲。你切身共同體驗了他人的命運，彷彿那是你自己的人生。不過在此同時，千萬不要真的想幫忙——因為這場好戲得繼續演下去。挖出潛藏在你周遭的大小醜聞鬧劇，然後每一件都拿來評論一番，才是你該做的事。把自己當成坐在別人家裡沙發上的法官吧，直到哪天這些人終於看清你的真面目——一個渺小、可悲、貪婪的偷窺狂。因為沒有自己的人生，所以對於別人的人生也要百般破壞阻攔。

## 理智的輕聲細語

人為什麼喜歡去攪和別人的事？原因很多。首先，八卦和閒言閒語讓我們窺見發生在別人身上的「好戲」——尤其是那種如果有人的人生因此徹底被毀——而這會立刻讓我們覺得自己的困境，好像沒那麼悲劇。其次，說點閒話，操弄一下別人的命運，可以是一件非常好玩的事。有人會藉此來逃離自己單調無聊的人生。第三，知道別人家裡各種大小事的內幕會讓人自覺有點重要。被認為是「知情人士」，至少短時間內會體驗到社交地位的提升。至於第四個原因，則只適用在某些人身上：有人認真以為自己真的幫得上忙。

儘管「幫人解決問題」感覺起來你人真好，我還是勸你閒事少管。即使事件中的甲方或乙方邀你評評理，對別人家上演的那齣戲，你最好生人迴避、保持距離。人與人之間的問題是一個會把你捲入的漩渦：因為從接觸事件的那一刻起，就無法再保持客觀；你的那些小心思、小把戲，會讓朋友逐漸看輕你；因為你不想破壞自己跟主要當事者的關係——事情會過去，日子得繼續；因為你的時間很寶貴，如果你認真看待自己的人生，你該做的事肯定也很多；因為你該尊重別人的隱私，不該越界；也因為你不想讓自己成為眾矢之的，變成別人報復的對象。

總而言之，請為自己樹立這樣的原則：少管閒事，不要攪和到別人的私事裡。你就好好「過自己的日子，也讓別人過他的日子」，讓這句話成為你理智的座右銘。假若你的生活不能沒有八卦或閒話，那就偶爾允許自己買本廉價周刊，盡情沉浸在那些皇室的愛恨情仇或悲劇故事中，不必為可能在鄰里間引發的反目成仇或騷動紛亂付出代價。

不過有一點最重要：也不要給任何人機會來干涉自己的私事。劃清界線，自己的問題，就在自家的四堵牆內解決。一齣室內話劇，總是結束得比一部排場很大的戶外歌劇快得多。

# 14 只從自己的經驗裡學習

「只從自己的經驗中學習，並完全輕忽能從他人——不管是當今或前人——好、壞經驗中學習的機會。絕對是你前途慘淡和二流成就的最佳保證。」美國的投資家蒙格曾經這樣說。

蒙格嗜讀傳記作品的程度，可比有些人在Netflix上瘋狂追劇。傳記是緊密壓縮的人生課程，能夠僅僅用二十六個字母，就把這麼多經驗從某個人的人生傳送到讀者的人生——甚至穿越數百年——幾乎已經是奇蹟。不過我建議你：對於這種奇蹟，你不需要太在意。你為什麼得把自己的時間，花在關注別人一生的坎坷上？你寧可每天這樣告訴自己：「我是無與倫比的獨特！沒有其他人的人生，可以與我相提並論！」你確實值得如此看重自己。除此之外，根據我們是活在一個「新時代」這樣的說法，你甚至可以放心無視前人所累積的生活經驗。

其實你應該避免的不只是讀傳記，整體來說是讀書，尤其是小說。小說是一種人生的模擬。你可以舒舒服服地坐在客廳沙發，看書裡的主人翁如何經歷他人生的驚濤駭浪與萬

丈深淵——完全沒有自己惹禍上身的危險。可是你為什麼得這樣做？你自己的人生問題還不夠多嗎？更何況，閱讀也是件苦差事。所以，不，你不需要把這樣的東西塞給自己。我建議你：就這樣繼續不學無術吧，你別無他法。你可以為自己不良的文化素養感到驕傲。因為真正算數的，就是你自己的經驗。

而且如果你可以這樣做甚至最好——丟掉想從錯誤中學習的念頭。以下是應付這種狀況的良策：睜眼說瞎話、諉過他人、否認犯錯以及乾脆失憶。唯有如此，你才能確保自己的人生會災難不斷。也只有這樣，你才能加入報紙社會版上每天報導的那些主角的圈子——他們外遇不斷、把錢輸光或總因虛榮而失足跌跤。你就以他們為榜樣吧！這樣你很快就會發現自己置身最下流社會——當然也過著不幸的人生。

## 理智的輕聲細語

從自己的錯誤中學習是銀，從他人的錯誤中學習是金。因為我們的同質性是如此之高，尤其是當人來自相同的文化圈。所以不管你是美國人、瑞士人、德國人、義大利人、澳洲人或瑞典人，你們的人生是循著相似的軌道在運轉，有著相似的巔峰與煩憂。即使在遭遇災禍與不幸這方面，情況也一樣。事實上，發生在我們日常生活裡的戲劇性事件「原創性」很低。咎由自取的人生困境，種類甚至少到你很容易就可以避開它——但前提是你得先認識它。

而這裡，我們就必須談到傳記。傳記是最理想的觀摩課程，不過請留意：傳記並非就只是傳記。舉例來說，你能從自傳中學到的東西就很有限，因為不管有意或無意，作者在書中所做的經常就是忙著美化自己。回憶錄也一樣，它講述作者人生的某些個別片段——但也只是那些他願意分享的片段，而這同樣也都被套上濾鏡、打過光。真正有用的是那些由第三者來執筆撰寫的傳記，它可能經過授權（意思是至少美化程度比較輕微），或未經授權（這樣更好），也因此最具說服力。

關於傳記，還有一點你應該注意：它會產生所謂的「選擇性偏誤」效果。也就是說，它其實不是一種隨機常態、而是一種偏頗失真的選擇，因為我們幾乎只會看到成功人士的傳記。儘管如果能有一些失敗的人生故事，對我們應該更有幫助。可惜沒有出版社敢冒賠錢的風險，來幫無名小卒出傳記。這也是為什麼你應該經常轉而讀一下小說，它可以完美彌補傳記的不足。總之，請盡你所能地多多閱讀，蒙格是這樣說的：「我這一生，還從未認識過一個不是勤於閱讀的聰明人——完全沒有。」

還有最重要的一點：請好好地環顧四周，那裡可以讓你避免那些蠢事的教訓，絕對夠多。當一個不幸福人生路的蒐集者吧！不是要幸災樂禍，而是要從前車之鑑中汲取教訓。為什麼就是這個人失足摔跤？為什麼就是這段關係走向破裂？就像科學家那樣，去追究事情發生的原由。然後你會發現，讓人生開始走歪走偏的經常是很小、愚不可及且微不足道的蠢事。

# 15 在社群媒體上流連忘返

你有多常掛在社群媒體上？沒關係，你還可以再晉升一級。讓自己變成一個超級活躍的權力使用者（Power-User）——而且是在所有的平台上。臉書、IG、推特、YouTube、LinkedIn還不夠，最好把TikTok和Telegram也一網打盡。你得什麼都訂閱，到處去留言，貼上任何能貼的東西。你得公開自己所有的動態——你早餐吃的蛋，絕對跟你的除毛膏和你對英國皇室的意見，同等重要。

除了你真正的身份，再多設幾個假帳號吧，這樣你才能肆無忌憚地宣洩自己。那是靈魂的救贖！沒有什麼是不可以的，你愈極端愈誇張，就有愈多人來看——管他是詭計、謊言、陰謀還是仇恨。「這是有關網路論壇眾所皆知的事實，」偉大的傳記作家華特・艾薩克森（Walter Isaacson）這樣寫道：「每個討論都一定有人會來高呼『納粹！』，而且還是集滿七個留言之前。」所以你動作得夠快，才能在機會被攔截前去搶這個頭香。至於那篇貼文，你倒不一定得讀——因為重點不是你留言罵人家納粹對不對，而是你的留言被人看見，「你」也被看見！

此外，你也得認真對待管理關注度這件事。要把那些記錄你點閱數、按讚數與小星星的帳號，看得比自己的銀行帳號還重要。最好每小時都去跟那些大咖網紅比一下，然後好好下功夫，讓自己也成為他們的一員——為此你得發文發得更勤快、喊得更響亮、內容也更荒誕。而這種虛擬知名度帶給你的收穫，絕對會讓你驚奇不已——你會浪費大把大把的時間、嚴重弱智化、長期承受壓力，並過著極其可悲的人生。

## 理智的輕聲細語

蘇格拉底、柏拉圖、亞里斯多德、佛祖、愛比克泰德（Epiktet）、齊克果（Kierkegaard）、維根斯坦（Wittgenstein）、卡謬……你肯定認識哲學思想史上這幾位鼎鼎大名的人物。而我曾經這樣自問，如果可能，這幾位思想家對社群媒體會有怎樣的看法？其實答案似乎顯而易見。他們當中應該沒有任何人，會在沒完沒了的惺惺作態、譁眾取寵跟永不消停的相互攀比中，看見智慧之道。事實應該恰好相反。無論哪一個哲學派別——不管是斯多葛、佛學、基督教哲學、啟蒙運動、分析哲學或存在主義，所有這些偉大的思想流派都一致認同通往美好人生的路，主要得從內心去尋找。自我中心與愛現是沒有用的，而這有經過研究證實的好理由。首先，喜歡攀比他人被美化過的生活方式，經證實會導致情緒抑鬱、懊喪不滿與嫉妒。而事情又怎麼可能不這樣發展呢？因為會被上傳的，永遠都只是對當事人最有利的照片或影片，於是我們愈滑手機，也就難免愈自嘆不如。因此，社群媒體是一部製造嫉妒的完美機器。其次，社群媒體偷走了我們的注意力，我們的大腦忙著把精神消耗在無謂的瑣事上，生產效率也因此跌到谷底。再者，邊與人談話邊使用手機，給人留下不夠尊重的印象——這是可以讓對方至少在心裡暗罵幾句髒話的行為。最後，社群媒體讓人與真實經驗脫節，而那是你可以用同樣的時間親自獲得的。總有一天，你會什麼都看過，卻什麼都沒體驗過，更遑論真正的了解。使用社群媒體沒有任何優點，即使少數仰賴它謀生的網紅，過不了多久也會像死鳥那樣從杆子上墜落。我已經有十二年的時間，完全沒有使用社群媒體，也充分享受因此贏得的時間。

我們今天總喜歡對過去的某些行為搖頭嘆息：為什麼會神化、崇拜帝王？怎麼可以獵巫婦女並施予火刑？怎麼可以進行奴隸交易、燃燒石油、把海洋裡的魚全抓光？又怎麼可以這樣吸菸，好像那是全世界最健康的事？人類的文明史簡直充滿了愚不可及的蠢事。可惜今天的我們也毫不例外，一百年後的人可能會這樣問：那些整天在社群媒體上傳和消費毫無意義的訊息的人，腦袋裡到底見鬼地在想什麼？是真的吃飽沒事幹嗎？

# 16 在馬路車流中失控抓狂

二〇〇三年九月的某一天，因為塞車，我困坐在美國休士頓有十線道寬的610州際公路上。連人帶車，一切都動彈不得，而熱氣在車頂上蒸騰晃動著。半小時之後，車陣突然動了起來，不過只前進了十公尺，然後繼續塞。但隔壁車道上有輛棕色的日產Sunny並沒有往前開。駕駛座上的那位女士似乎正絕望地想發動引擎，而她車後則響起了不耐煩的喇叭聲。可惜那輛車就是怎樣都沒辦法向前滑個十公尺，即使喇叭按個不停也愛莫能助。突然間，她後面那輛車的駕駛開門走出來，手裡拿了一把槍並站到這部日產車前，把槍口抵住引擎蓋鈑金，連開三槍射穿了車蓋。然後他似乎氣消了一點，又重新坐回自己的車子上。在這整個過程中，沒有人敢做任何事，我當然也是。所有的人都一動也不動地坐在駕駛座上，眼睛直瞪著前方。幾分鐘之後，車突然不塞了，於是所有的車都繼續往前開。當然除了那部日產車，它的引擎汽缸正漏著油。

我那天所經歷的，是美國人所謂「路怒」的一種極端形式。一種很受歡迎的宣洩怒氣——同時搞砸自己人生——的暴走行為。有鑑於此我建議你：開車上路時，副駕駛座前的置物箱裡一定都要隨時放把槍。如果你沒辦法取得槍枝，放棒球棍在後車箱也可以。有時為了讓車子順利前進，你得連人帶車充分表達你的意見，不用遲疑——畢竟總要有人負責讓交通順暢無阻。只要感覺到一丁點其他駕駛佔了你便宜或魯莽輕忽，就立刻猛力反擊。不過記得千萬不要把槍直接對著別人射，你可不是暴徒。你主要的目的，只是射穿一兩個輪胎或汽缸來製造一點刺激。不用怕有人會譴責你或報復你，沒有人有興趣被牽扯進去。所以你要多常在路上暴走、宣洩怒氣，都隨你高興。而且你可以放心地自我感覺像英雄：因為你是替所有其他膽小怕事的人出頭，那些人只會乖乖地待在車道上咬緊嘴唇。

不過你當然不用像麥可．道格拉斯在《城市英雄》（*Falling Down*）中的角色那樣，每天都處在全然失控的狀態。他在這部一九九三年上映的電影中爆發的路怒，可比我在德州時從其他用路人那裡見識到的還多。很多時候其實比個中指就夠了。也可以盡管貼近逼車——尤其是以很高的車速。超車時一定要確保出其不意，搶車成功後再急剎，以好好教訓那些馬路三寶。即使偶爾搖下車窗，對惹毛你的車丟個打火機或塑膠瓶，應該也沒人會反對。

除此之外，也不用不好意思善用機會佔點便宜。舉例來說，為了搶到最後一個停車位，不惜逆向開進單行道，即使守規矩的人得吃鱉離開。如果他們面露憤慨、搖頭鄙視，你就直接對著他們的臉嘲弄幾句。而你會注意到，不管你用什麼方式來挑釁，憤怒是會自我增強的。你愈常發飆怒罵，就愈不需要任何理由來失控暴走。所以，油門踩到底，全速前進吧。

## 理智的輕聲細語

你從未在路上怒氣沖沖、理智線瀕臨斷裂嗎？也不曾把頭探出車窗，大聲咆哮咒罵嗎？或是猛按喇叭，按到情況都有點尷尬？我本身在馬路上反正不是聖人，不過是屬於那種已經成功戒除大部分路怒症的駕駛者，而主要原因應該是年齡。研究證實，年紀較輕的男性在駕駛行為上通常比較年長者或女性更具攻擊性。炎熱的天氣也會提高人失控暴怒的可能性——看看我在酷暑德州的經歷。然而，你該下定決心不受這些因素影響：當你跨進車裡，就把怒氣留在車外。而且寧可提早更多時間出門上路，以確保自己絕不會有時間壓力。

人在停滯不前的車陣中會焦躁憤怒，完全是可以理解的事。但你得想辦法驅散怒氣，或許就先從這點開始：承認你對這場可恨的塞車的貢獻，就跟所有其他駕駛一樣多。還有為了甩掉「把寶貴人生浪費在這土石流般的板金堆中」這種令人不快的感覺，你可以在手機中準備好有聲書和優質的播客節目。順便一提，我通常是用耳罩式的降噪耳機來聽，而不是透過汽車音響。儘管樣子從車子外面看起來可能有點蠢，不過它讓塞車變得好過許多。最後一個簡單得有點可笑的建議是：在車門儲物格裡放個那種海綿做的小丑鼻。假若你不幸變成了別人路怒的對象，趕快帶上這個紅鼻子，然後咧嘴傻笑——有時這有解除武裝的效果。

# 17 與滿腹牢騷的人為伍

假如你是生性樂觀的人（注意：這是有礙悲慘人生的先決條件），那就至少幫自己一個忙，去跟愛抱怨、愛發牢騷的人來往。這些人保證很快就會把你拖進他們充滿陰影的世界裡。快樂的人不能帶給你什麼，他們的歡笑、他們對生活的喜愛與熱情，頂多只會喚醒你的嫉妒心；而且所有這些強迫贈送的正向思考，也只會讓你覺得厭煩，是吧？正面的人是危險的，因為這會傳染，比流感病毒還糟，你得跟他們保持安全距離。還有，忘掉那個跟玻璃杯有關的——也就是你總得說它是半滿而不是半空——有點蠢的說法吧。反正不管那杯子裡的水有多滿，事實是它幾乎不包含任何東西。要從化學原理來稍微說明一下嗎？水分子是由一個氧原子和兩個氫原子所組成。而每個原子，則又是由一個原子核與環繞著它的電子所組成。如果你把一顆原子放大到像巴黎那樣大，那它原子核的大小也不過像顆哈密瓜，電子則遠遠游移在四周的郊區。那它們中間呢？什麼都沒有。完全沒有。由此可見，即使是裝滿水的玻璃杯，基本上它還是空的。

俗話說：「一個有負面思想的腦袋，永遠不會有正面的生活。」這句話你得牢記在心，既然悲慘人生是你宣稱的目標。而且你甚至可以毫不費力就做到這點。諾貝爾獎得主丹尼爾．康納曼（Daniel Kahneman）和他的同事阿摩司．特沃斯基（Amos Tversky）研究發現，我們對負面事物感受知覺的強度，是正面事物的兩倍。也就是說，你在股票市場上損失百分之五這件事對你所造成的情緒擾動強度，和你獲利百分之十一樣。或是你因一顆化膿爛牙所遭受的痛苦，就跟你喜獲升職的快樂一樣強——儘管客觀來看，你的職場生涯發展要重要得多。只要到外面的世界走跳一番，去看看那些自然法則分配下的正面與負面事物，你就會相信負面事物還是居多。因此抱持負面態度，是世上再自然不過的事。你不需要對此感到很糟——喔不，拜託，請感到很糟吧！

## 理智的輕聲細語

英文裡面有句話說：「You are who you hang out with.」意思是「跟你玩在一起的是哪種人，決定了你是哪種人。」這是物以類聚的概念。當你跟凡事總是很負面的人相處久了，近墨者黑，你自然也會傾向負面。這種現象被稱為「情緒感染」，而就像所有形式的感染一樣，我們很少會注意到它是怎麼發生的。當你身邊都是負面的人，你在不知不覺中會開始模仿他們，包括他們臉部的小表情、聲音、肢體語言、動作舉止，當然還有態度——無論是心理或生理層面都一樣。在你察覺到這點時，這種負面的行為態度已經成為你性格的一部分。這種情況有點像吸二手煙，儘管你嘴裡沒有叼菸，你還是吸進了有害物質；而且說不定哪一天，這還會誘使你自己也來點一根菸。所有這一切都是在你沒有意識到的情況下進行，因此我建議你：從一開始就遠離凡事皆負面看待的人。「別讓負面的人進駐你的腦袋。」我從這句話受益良多。

有些公司企業或城鎮地方，聚集了特別多這種愛抱怨、發牢騷的人。當你耳邊經常聽到「這反正不會有任何結果」或「一定得這樣嗎？」這類句子，請立刻對這種人敬而遠之。

為什麼負面的行為態度這麼糟？首先，它被證實會為人帶來更多壓力。而長期置身壓力，又會削弱你的免疫力。其次，跟態度過於負面的人相處，會阻礙你個人的發展。它讓你的自我價值感一落千丈，你會變得更缺乏自信。最後，一直浸泡在黑漆漆的膽汁裡，你就是會變得更陰沉、更不快樂——這是很高的代價，而且沒有任何等值的東西可補償。

好消息是：情緒感染往另一個方向也行得通。多與超級正面的人交往，你就可以雨露均霑所有的好處——免疫系統更強健、更有創造力、心智更清明、生活更滿足、個人有所成長、更成功順利，還有也經證實的壽命更長。

# 18 跟你的鄰居過不去

絕對不要讓你鄰居的日子太好過，只有這樣，你才能確信他也會讓你的日子很難過。以下是幾個適用的基本法則：不妥協、不道歉、沒有例外可言。你的思緒應該像雀鷹在埋伏獵物時那樣，總是在隔壁鄰居那塊地上打轉。請把注意力特別集中在下列深具衝突潛力的引爆點上：鄰居有在土地界線上動手腳嗎？他花園裡種的每棵樹是否都照規矩來，所有的花草都沒長出籬笆越界？他的車是否停在正確的停車區域內？他們是否遵守了夜間安寧時間的規定？是否養了理論上可能會讓你過敏的寵物？如果是這樣，你得立刻拿著醫生證明去他家抗議——真可惜，那隻才剛來他家幾天的小狗那麼可愛，而現在他得把牠送走。可是他應該事先來問問你啊。

你的鄰居總是在下廚，對烹飪充滿熱情嗎？那他們就應該把廚房門窗關緊，然後裝上抽油煙機才對。當然，這或許一下就會花掉他們幾萬塊，但你可不會讓自己默默忍受這一切。另外，不用等到你的鄰居公然違反規矩，只要有一點風吹草動，你就應該立刻反應。有幾片枯葉被吹到你家車道前嗎？請立刻清除！否則……不必先尋求對話，這只會發出一個訊號：你是個好說話的人。你甚至不用先威脅要找律師，而是立刻請律師出面交涉。跟律師討論好一個固定的年度費率，這樣一來只要有機會，你就有誘因去使用他的服務。有新鄰居搬來時，你尤其得反應迅速、強烈一點。最好第一天就把話說明白。

可是如果你的鄰居表現得完美無缺，甚至還可能非常親切且樂於助人呢？那你就先推測這背後懷著最險惡的意圖——說不定他只是想讓你卸下心防，然後偷偷違反禁止烤肉的規定。你可以把地緣政治學的第一基本原則，依樣畫葫蘆地運用在鄰里關係中：和平只是兩場戰爭間的休戰期！不過你可以從中得到什麼呢？沒錯，就是你所追求的目標：一個不幸福、不快樂的人生。你會從此永無寧日，而且當你一想到鄰居血壓就飆高到直衝腦門時，你就知道自己如願以償了。

## 理智的輕聲細語

保持鄰里關係並不容易，而這有兩個演化上的原因。首先，為了維護自己的資源，許多動物——包括人類——都發展出領域行為。所以儘管我們今天的「領域」，可能不再是透過某個河段或野莓樹叢，而是用再普通不過的藤籬笆來界定，只要對這個界線可能被侵入或破壞有點懷疑，那種維護領域的本能就會立刻被喚醒。其次，人像許多其他動物一樣，也會建立社會階層。因此不管有意或無意，鄰里間總會自然而然地產生一種社會地位的競爭。謹慎控制這兩種本能是值得的，因為好的鄰里關係極其珍貴。

我們還可以從犯罪學得知這麼做的另一個好處——也就是關於集體效益（Kollektive Wirksamkeit）。芝加哥大學的研究人員在一九九七年便發現，社會凝聚程度較高的城區，有著相對較低的犯罪率——那裡的居民相處融洽，也因此比較樂意關照彼此並通報可疑活動。然而，這其實也關係到金錢：氣氛和善友好的鄰里比較受歡迎，而這對房地產價值又會產生間接效應。

並不是每個人對能深得你心，反之亦然。就像所有的地方一樣，你所住的那條街也展現著人性。不過即使你不喜歡你的鄰居，也沒有必要跟他當面翻臉對嗆。你可以面帶微笑，對他說早安。三秒鐘而已，這樣就夠了。沒有人會期望你們一起去度假，或齊心打造共同的禪意花園。但暫時借一下鑽孔機？當然沒問題！

# 19 讓毒品操控麻痺你

選擇毒品是可以不假思索的事。因為如果有一種東西能更有效率地毀掉你，你為什麼還要去選酒精？若想以最快的速度墜入毒品地獄，請遵循以下幾點建議。

第一，堅信只是試一下，根本完全不會有問題。就好像你隨時可以放下手中這本書一樣，你也可以隨時對毒品說不。第二，不必在輕型毒品（如大麻、迷幻蘑菇、安眠藥）上耽擱太久，你得盡快換成效果更猛的（像海洛因、古柯鹼、甲基安非他命或芬太尼）。人生苦短，切莫把時間浪費在次級毒品上；一級毒品讓你成癮的效果會更可靠迅速得多，而且它們也比較難到手——這讓人倍感興奮刺激。第三，你的錢肯定很快就會被掏光，在這種無可避免的情況下，你就乾脆這樣做吧——其他數百萬成癮者也是如此義無反顧地走向毀滅：讓自己成為小型犯罪這方面的熱血企業家。你在這個領域獲得的能力，將使你終生受用不盡。你甚至還會有額外的收穫：有機會認識這個社會全新的一面——把它當作你的社會學第一手經驗吧！

想當然爾，你會失去你的工作、你的家庭、你的住所和你的名譽。可是誰又想要一個無波無折、完全單調的人生？你就讓自己相信，你只有當你感覺良好，才會繼續下去。而這點肯定沒問題！因為你的身體會非常忠實地告訴你，什麼東西能讓它快樂。你就在它開始發抖打顫之前，把那東西給它吧。絕對不要有尋求專業協助的念頭，那些人其實只想破壞你體驗悲慘的樂趣。

## 理智的輕聲細語

一個再普通、簡單不過的建議是：根本就不要試。一次都不要。把毒品嚴格列入你的人生地雷清單。為什麼要如此戒慎恐懼？因為零與一次之間的距離，不知要比一次和一千次之間大過多少倍。這有點像殺人：不管你是殺掉一個或一千個——你都是殺人兇手。

在一個大家都有點飄飄然的舞會上說「謝謝我不要」，當然顯得有點裝模作樣。把它當作是自己強項的一種展現吧——扛住群體壓力，並為此感到驕傲！如果能從一開始就對這類舞會敬而遠之，當然是最好。這樣做有哪些好處呢？美國投資家蒙格曾經針對毒品消費這樣說：「在我一生數十年中，還沒遇到過哪個人因過度防範這種走向毀滅的駭人之路，而人生過得更糟的。」

我們應該都要正視這個問題的嚴重性：在美國，每年有十萬人死於濫用毒品。想像一下一座立有十萬根十字架的墓園吧。在每根十字架下面，都埋著一個完全可以預見的結果——那是個充滿痛苦折磨、讓人迴旋下墜的漩渦，一個原本也可以把人生過得很安適的人。想像一下這些人的童年，當他們都還在遊樂場上笑著盪鞦韆；這些小孩每一個在日後的人生裡，都選擇了走向地獄——從他們跨過零和一之間的那條界線開始。而每一年都會多一座這樣有十萬個墳的墓園，墳裡埋葬的都曾經是愛笑的孩童。

如果以上對你的嚇阻效果還不夠，那就請記得，毒品不僅可以毀掉個人人生，也可以摧毀整座城市和國家。中國曾經有長達四千年的時間，是世界上最強大的國家。一直到一八〇〇年，它的國民生產總值都還佔全世界的三分之一。然而，這個數值到了一九〇〇年卻只剩百分之二，可謂人類歷史上速度最快的經濟崩潰。原因為何？毒品就在當中扮演了關鍵性角色。十九世紀的大不列顛是全世界最重要的毒梟。而當時還是英國殖民地的印度則大量生產鴉片。相準了中國這個毒品市場商機無限，大英帝國對中國出兵，並在兩次所謂的「鴉片戰爭」中，迫使中國對印度製造的毒品開放市場。當時船堅炮利的英國人贏得了戰爭，而中國人一直到今天都還忘不了「百年國恥」。

不要讓自己也有這樣被屈辱的機會。不過假若你在一切警世勸說之後，仍然執意要體驗毒品帶來的那種虛幻感，那就請參照英國作家伊恩．麥克伊旺（Ian McEwan）的指點——他曾這樣描述過：「服用了LSD是什麼感覺呢？就像跟一個四歲小孩一起吃早餐。」

# 20 在職場路上開進單行道

頂著剛出爐的餐旅管理學士學位，山謬在一間旅行社找到他的第一份工作。精力充沛的他展開了職場生涯且晉升得很快，沒多久就擔任了這間分社的副主管。同時，也因為他豐富的專業知識，他深受客戶歡迎。只是好景不常，網路訂位平台的興起與其蓬勃發展，很快就打亂了傳統旅行社的運作模式。這使整個部門光采不再，也失去了重要性。然而，山謬依舊不受動搖，始終忠於自己的崗位。一想到自己可能得離開這間他最熟悉且擺滿各國地圖和旅遊說明書的辦公室，他就背脊發涼。有很長一段時間，山謬都這樣說服自己，人們應該會永遠都需要真正的旅遊專家——直到這間旅行社的大門，終於永遠關上。

所以如果你想要一個毫無前景的人生，我的建議是：就讓你人生的第一份工作，成為你終生的職志吧。你得跟它生死與共，即使它正在萎縮。寧可在一艘沉船上同歸於盡，也不要拓展自己的技能或換條跑道。

## 理智的輕聲細語

山謬的故事告訴我們，人所從事的第一份工作是如何經常決定了自己未來的整個職涯路線。這點其實並不令人意外，因為人在職場路上，一開始總會衝得特別快。想像這是一座金字塔，要從最底層往上爬一階，其實並不需要特別幸運，也不需要非常能幹。很多時候是自然而然發生的，只要有人離開較高的那一階並空出位置。可是在任職者眼中，這種早早獲得的升遷，卻像一個再清楚不過的信號——告訴自己正走在一條完美的職涯大道上。我們把這種現象稱為「明日之星錯覺」。但是人爬得愈高，空氣就稀薄，空間也愈有限——最高處唯一的位置就是ＣＥＯ。假若這是個成長中的行業，問題就不大，因為你在這裡面還有轉職或換職的機會。可是如果一個行業正在萎縮，現實就會變得無比殘酷。你會突然覺得自己被困在一條單行道裡——就像前述的旅遊業行家山謬。

所以如果我們能在進入職場前，就正確預測出各行各業未來的榮枯，是否就能找到解決辦法呢？聽起來很不錯，只是如果有人可以這樣未卜先知，根本就不需要進入職場拼搏；幾個厲害精準的投資，就能讓他擁有千萬富翁的身價。所以事實是：沒有人能預知某種職業或產業在接下來的三十年裡究竟會如何發展。有誰在上個世紀的九〇年代會想到，當時還很有利可圖、具壟斷性的報社，很快就會被一間沒沒無聞的新創公司，搶走一大部分的廣告收入？而且那公司還有個超級幼稚的名字叫Google。從定義來看，翻天覆地型的創新本來就無法預測，否則人早就應該知道。

因此想避開單行道，就只有一種可能：讓自己變成一部「學習機器」！我所認識的每一位成功人士，幾乎都是像海綿那樣在吸收重要新知，而這就是他們成功的祕訣。美國投資家蒙格曾說：「我總是看到這種人在升遷——他們不見得最聰明，有時候甚至也不見得最勤奮，但他們是學習的機器。他們每天晚上睡覺時，都比早上起床的那一刻更聰明些。而且，哇塞，你知道這多有用嗎？尤其是如果你已經這樣做了好長一段時間。」學習的重要性甚至勝過聰明才智。蒙格也曾在一場加州大學的畢業典禮上，警誡那些準畢業生：「你們被詛咒得終生學習。而你如果做不到，就注定會失敗。你沒辦法以現有的知識，在人生路上走太遠。只有那些你在**離開這裡之後**繼續學習的，會讓你在人生路上不斷向前。」

結論：不要被那種「明日之星錯覺」迷惑了。即使你在職場上一開始就平步青雲，也不代表接下來的二十年，都能一直展翅高飛。我建議你在展開職場生涯之初，就多嘗試幾種不同行業，不要固著僵化在某一行裡。而且即使之後在某一行已紮穩根基，還是要持續不斷地加深加廣自己能力圈裡的知識。因為你的知識和技能總會過時，但不會在一夜之間，而是在一到三年內。所以請大量閱讀。每年五十本書，每周十篇長文。你得對與知識及能力有關的事保持偏執，它們通常不像你所想的那樣廣泛和持久。而如果你那一行開始沒落，請及早脫身——不要等到船沉了再同歸於盡。

# 21 人生不可太輕鬆隨意

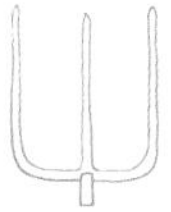

你知道美國畫家格蘭特・伍德（Grant Wood, 1891-1942）一九三〇年所創作的《美國哥德式》（*American Gothic*）這幅畫嗎？它是最常被諷刺模仿的畫作之一，現收藏在芝加哥藝術學院裡。在這幅畫裡，一位農夫和他的女兒並肩站著——儘管乍看女兒其實更像是他的妻子。農夫手中握著一把翻乾草的三叉釘耙，背景則是一幢山牆上有新哥德式窗戶的農家。這對父女帶著絕對嚴肅的表情，凝望著世界。你肯定至少在一些諷刺漫畫版本中看過這幅畫——在我眼中，它是對人生之冷峻嚴苛最具諷刺性的呈現。而你如果認真想把自己的人生搞砸，就用這種態度來面對人生吧——鬱鬱寡歡、陰沉冷漠、呆板拘謹、毫無樂趣。壓抑任何愛玩的衝動，絕不容許任何輕浮的行為，甚至只是某種程度的放鬆也是禁忌。這樣你就會成為這個社會最好的那群人中的一分子。反正只要讀過聖經，你也會得到這個結論：即使是上帝，也不懂得享受樂趣。

諾貝爾物理學獎得主理查・費曼（Richard Feynman）是個頑皮愛鬧的人，他閒暇時喜歡打邦哥鼓，對待人生一點都不認真。被稱為「數位化之父」的美國數學家克勞德・夏農（Claude Shannon），會邊騎單輪車邊玩雜耍。達文西的筆記本裡，則充滿各種戲謔的素描和荒誕的想法。你得對這種輕鬆笑鬧的心態保持警惕！如果你想仿效這些大師級人物，那你希望過上悲慘人生的夢想，將永遠無法實現。在最糟糕的情況下，你甚至可能玩著玩著，就誤打誤撞地邁向某種形式的成功。

第一個幫我出書的出版社老闆丹尼爾．基爾（Daniel Keel），也是Diogenes出版社的創立者，是個非常調皮愛玩的人。有一次我去拜訪他時，他展開雙臂，開心地笑著說：「左手是出生，右手是死亡，兩者之間則是我們一生所有的蠢事。」不過，想保證有個不幸的人生得固守相反原則：「左手是出生，右手是死亡，兩者之間則只有苦澀的嚴肅人生。」──你就無止境地抱怨吧──不僅因為人生很苦，也因為這就是你的原則。你的人生，得忠實奉行清教徒的座右銘：「你可以做任何你想做的事，只要它毫無樂趣可言。」──此處由哲學家暨心理治療師保羅．瓦茲拉威克（Paul Watzlawick），在他一九八三年出版的《不快樂指南》（*Anleitung zum Unglücklichsein*）一書中精準無比改寫而成。

## 理智的輕聲細語

我十八歲時，曾經下定決心一整年都不笑。當時我深信這個動作消耗太多能量，因為人笑的時候得動用到臉部肌肉。我告訴自己，最好把所有的能量都省下來，思考如何解決這個世界的問題。心意已決，我立刻不再笑了。我躲開所有風趣幽默的同伴，避免跟他們打交道，認真把這件蠢事執行了一年。結果我不但沒有解決世間任何一個問題，還覺得自己——事實上看起來也是——好慘。一年期滿後，我準時結束了這個很白癡的實驗，並重新開始向上扯動我的嘴角。於是女孩子又開始會來找我聊天，日子也變得更明朗、更有趣味。今天的我雖然還稱不上開心果，但我讓自己多了輕鬆的一面，而這很明顯地讓我受益良多。

用輕鬆一點的方式過日子，對我們只有好處——畢竟生活有時候真的讓人太煩躁。根據哈雷大學（Universität Halle）心理學家瑞內・波耶（René Proyer）的說法，保持輕鬆能促進創造力；加拿大的一項研究則證實，它讓你更具親和力且減輕你的壓力。有幽默感的人——非常顯而易見的——更快樂。因此，這裡有個能讓你更開朗、更快樂的小訣竅：列出你個人的「多巴胺清單」，也就是找出可以讓自己偶爾脫離一成不變的日常，且心情為之一振的小活動。像我自己的清單上，就列著這些再簡單不過的事：聽聽爵士音樂、騎著電單車在城市裡到處閒逛、玩飛行模擬遊戲、跟孩子們嬉鬧、看YouTube上的單口喜劇。此外，還有一個好方法：對發生在自己身上的倒楣事——人生這種機會可多的是——一笑置之。

當然，對習慣嚴肅、凡事克制的人來說，要撩動自己「靈魂結構」中那些愛玩的神經並非易事。不過你還是應該試試，這對你不會有任何損失。人生很難，但本質上卻也是一

場遊戲。放鬆自在的心態，成就了最好的思想家、運動員與藝術家。而且反正一百年後再也不會有人記得你，所以如果你從今天開始就把日子過得鬆弛些，根本完全沒關係。

# 22 沉溺在罪惡感之中

如果你想要絕望的人生，那我建議你永遠把負罪感背在身上。這點很容易，畢竟人在歷史上的過去，可從未像今天這樣如此容易犯錯。今天的我們根本是活在某種罪孽超市裡，而且裡面貨色齊全、應有盡有！在上面標著「個人行為」這部分的貨架上，你可以找到的商品特別多。你對今天點了薯條和沒煮蔬菜感到罪惡嗎？還有，什麼！你今天沒做運動？

在「人際關係」的貨架上，你可以找到特大包裝的罪惡。鑒於所有那些你平日在緊急狀況下脫口而出的謊言，你必須把足量的罪惡感放進購物車裡。只要跟別人有任何不愉快，請立刻把過錯都攬在自己身上。

在「親密關係」這一區，你會找到各種角色衝突的罪。身為男人，你得溫柔、幽默、自信、熱情、隨興，但同時又得是經得起風吹雨打的硬漢——簡單說，就是達賴喇嘛、費德勒、〇〇七龐德和海明威的綜合體。做不到嗎？那你得感到羞愧。至於身為女人，符合所有男人的夢想，則理所當然是妳的義務。妳必須貌美如花、聰明伶俐、有運動神經、個性真誠、有組織家庭的天分，還得是伴侶此生的最佳情人。有時候妳對花幾個小時陪小孩畫畫、烘焙或玩足球，感到意興闌珊嗎？妳跟某個孩子的關係比其他孩子好嗎？妳甚至更偏愛其中某一個嗎？喔拜託！如果妳到現在都還不覺得內疚，那至少也應該為自己的罪惡意識不足，感到良心不安。

你或許也可以到「社會」這個部門去轉轉，在那裡你肯定會有所斬獲。沒錯，你其實可以為鄰里貢獻更多。例如負責辦一次街慶活動，就像你那些鄰居年復一年所示範的那樣。然後還有旁邊的那個「生態」部門。你有車嗎？搭飛機去度假嗎？買塑料薄膜包裝的肉嗎？更甚至，你吃肉嗎？冬天吃沙拉嗎？夏天吃柑橘嗎？在這個部門，有的是XXL規格且毫不留情的罪孽。僅僅是你存在著，你呼出的二氧化碳使你的個人淨排放無法達標，你每放一個屁就洩出甲烷……這些事實就已經足以把你埋到地底。此外，你還得再打包半公斤天生的罪惡——也就是上帝幫你放進搖籃，但因為有點不合邏輯，你總是會把它給忘了的原罪。

採購清單上的東西都拿了嗎？那結帳前，你就只缺了集體罪孽。想想奧斯威辛集中營、奴隸交易、獵巫火刑，還有除此之外，你祖先曾經犯過的所有罪行。想過著可悲的人生，這個建議完全適用：覺得自己得為這個世界的狀態負起責任！

## 理智的輕聲細語

我們自童年開始，就不斷捲入各種衝突，隨著年齡增長、所做所為所經歷愈多，這個衝突的網絡也愈織愈密。也許你心裡懷抱著這樣的希望，希望這團混亂總有一天會解開；那些對你失望過、被你欺騙過、聽過你的謊言、曾被你一腳踢開的人……都會原諒你；希望大家都能敞開雙臂互相擁抱，一切重新好起來。想得很美，只是現實不會這樣運作。

英國作家伊恩．麥克伊旺說：「英語世界中最可怕也最容易讓人產生錯覺的詞彙之一，就是closure這個字。」——它意謂著關閉、結束某些東西，或讓一段過去的日子、糟糕的經驗畫下句點。「這種結束或解脫，在電影和小說中會不時出現，然而，在真實世界裡卻很少發生——如果它真會發生的話。」我們從來都沒有真正結束過自己的經歷。傷疤一直都在，我們得帶著它繼續活下去。因此你只能無奈接受，你的人生永遠都不可能再「乾淨」起來。它最純淨的那一刻，就是在你出生時。

如果你想徹底擺脫這種日常罪惡供給，就請以諾貝爾物理獎得主理查．費曼以及數學家約翰．馮諾伊曼（John von Neumann）為榜樣。「馮諾伊曼給了我一個有趣的點子，」費曼這樣寫道：「他說人不需要為自己所活著的那個世界負責。基於這個建議，我發展出一種非常強烈的社會不負責任感，而這讓我變成一個非常快樂的人。」社會不負責任感——

聽起來很傲慢嗎？嗯，把全世界的罪都扛在自己身上，才簡直是太瘋狂吧。這樣的事據說有人做過，那個人名叫耶穌。而你就保持要求不多，跳出自己的罪惡感泥沼吧。

# 23 當個不知感恩的傢伙

蘇黎世到倫敦的飛機誤點了。一開始說是二十分鐘，然後又變成四十分鐘。擠得水泄不通的航站大樓，到處都是竊竊私語在嗡嗡作響。我就坐在登機門附近，而我隔壁座的那位先生，顯然正在對這樣的延誤努力消化自己的情緒。「怎麼有這樣的事，」他嘴裡喊著：「簡直太過分了！」好不容易終於登機，廣播又來了：「因等候起飛班機過多，我們的起飛時間必須再延後約三十分鐘，敬請各位旅客見諒。」大部分的人聽到這廣播，頂多就是再解開安全帶，但剛才那位先生現在終於爆發：真是爛透了，他以後再也不會搭瑞士航空！這裡簡直是個行刑室！他講話時肢體動作之大，連坐在機艙最後一排的人都伸直脖子探頭，空服員還得親自過來安撫他。

而我是把他看作一個有趣的研究對象。這個男人，我心裡想著，有那種會把人生過得很叫人遺憾的理想態度。這裡有一種科技，可以讓他坐著——坐著！——從蘇黎世移動到倫敦。而也不過在早他幾世代前，想克服這樣的距離，都還是一種必須耗時個把月以上的折磨——你得靠自己的兩隻腳走路，曝露在風吹雨打日曬中，沒有地圖，穿著不保暖的衣

服、破了洞的鞋和幾星期沒換過、滿是臭汗漬的內衣，睡在有臭蟲跳蚤的床上，沿路不時有攔路搶劫的匪盜，最後還得在驚濤駭浪中搭船渡海到多佛。

所以如果一個糟糕透頂的人生是你的目標，請以這個男人為榜樣吧！所有不能順利運作的事物都能惹毛你，除非感受到百分之百天堂般的舒適，否則就擺出叫人難以忍受的樣子。如果有人送了你不喜歡的禮物，你得讓別人知道，絕對還有其他更適合你的禮物——其實這通常也不是謊言。不用感恩你的父母，因為他們沒有為你的人生鋪好康莊大道（如果有，那就因為這條康莊大道還是偶有坎坷）。也不用感恩你是出生在這個國家和這個世紀，而不是等到宇宙已經為你的到來做好完美的準備。不知感恩對不幸的人生非常重要。你最好也不用感謝自己竟然存在於這個世界——健康嗎？是的，聰明嗎？是的，但豈有此理地，怎麼就沒有一張喬治．克魯尼或莎莉．賽隆那樣的臉！全神貫注在一切不順心、不如意的事情上吧——所有那些運作正常的，根本不值得一提。

## 理智的輕聲細語

騎腳踏車時如果逆風，你通常會立刻有感覺，但順風卻很少有人會注意到。美國心理學家托馬斯．吉洛維奇（Thomas Gilovich）與夏伊．戴維代（Shai Davidai）在二〇一六年的《人格與社會心理學期刊》中，說明了什麼是「逆風／順風——不對等」（Gegenwind/

Rückenwind—Asymmetrie）。這種現象不僅對騎腳踏車，而是在各個方面都普遍具有影響力。比起所有一切的順遂，我們對人生路上遭逢的困境、阻礙和絆腳石，感受永遠更強。我們惱火那些處處妨礙我們的麻煩人物；氣打開牛奶瓶蓋時總會濺一些出來；討厭朋友的壞習慣和缺點；受不了電腦軟體永無休止的更新；痛恨填寫醫療保險的表格，當然還有誤點的火車。

可是人常常忽略順風的存在，儘管它在我們人生路上，其實吹的還賣力得多。想想這些事吧：你可能已經活得遠比自然預期壽命更久（除非你是本書讀者中最青春的那一群）；你可以自由擷取知識和智慧的無盡寶藏——而且一本好書的價格，甚至跟你從中受惠的不成比例；還有你生活在一個言論自由的國家，那是你的先人奮鬥爭取而來，你對此完全不需付出任何代價。

我總是騎腳踏車去我的工作室——有時順風，有時逆風——每天都會從伯恩的教堂場大橋（Kirchenfeldbrücke）上經過（順道一提：這裡也是瑞士作家帕斯卡·梅西耶〔Pascal Mercier〕——本名彼得·比埃里〔Peter Bieri〕——的小說《里斯本夜車》〔*Nachtzug nach Lissabon*〕故事展開的地方）。走這座橋我得付多少過路費呢？免費！我不用自己動手去組裝任何一根鋼樑，另一個世代的人早就幫我完成了這件事。腳踏車經過百年技術的改良，不斷愈臻完美，而我們不用付給任何人技術使用費。我們所使用的東西，有百分之九十九——從鉛筆、字母到咖啡機——都非常完善好用。人的身體也是如此：在你讀完這個句子的同時，我們身體的免疫系統已經消滅掉幾十億個有害的病毒和細菌。不孜不倦，而且完全免費。事實上，我們人生大部分的東西都是贈禮——自然風光、和煦日照、皮膚上的溫暖……尤其是讓我們得以體驗所有這一切的能力。所以下次如果你的飛機還在等候降落的航道中盤旋，你正坐在空中的一張手扶椅上不耐地等待，想想生命中的「順風」吧。

# 24 信任你的銀行專員

如果你想要走向糟糕透頂的人生，就讓荒謬的獎勵機制牽著你的鼻子走吧。如果你還是學生，就去那種以死記硬背的學習方式——而不是透過理解——來進行評鑑和獎勵的學校。是記者，就去替靠觸及數維持營運的免費媒體寫文章——並為時事報導下危言聳聽、譁眾取寵的標題。是銀行專員，就慫恿客戶盡量頻繁地在股市進行交易——畢竟你的銀行可以從中牟取厚利，而那是你直接從客戶口袋掏出來的錢。如果是醫生，就鼓勵病人接受複雜的手術，儘管那可能根本毫無必要——但你的收入會因此大大提升。不管是哪種誘惑在對你招手，都熱切回應點頭說好吧——這也是你對不幸人生的承諾。

## 理智的輕聲細語

當你無法理解一個人的行為，不要立刻從他的性格中去找原因、不要去翻查刺探他的童年、不要去分析他的家庭紛爭，也不要懷疑他的智力——都不要，你首先該看的是這個

人根據哪一種獎勵機制來行動。有百分九十的人類行為，可以根據所謂的獎勵機制來解釋。對此蒙格這樣寫道：「讓我看一下獎勵政策，我就可以事先告訴你結果。」大部分的人對高強度的獎勵，都會有立即且相應的反應——即使這件事可能在道德上很值得懷疑，或根本毫無意義。這就是所謂的「獎勵超級反應傾向」（Incentive-Super-Response-Tendency），它帶來很合理但也很嚴重的後果：愚蠢的獎勵機制，導致愚蠢的行為。

你可以從兩個面向看這件事。首先，不要讓自己變成這種愚蠢獎勵機制的發起人。再者，也不要讓自己變成這種愚蠢獎勵機制的犧牲者。請聽我一一道來：如果你是律師，讓客戶滿意當然是你關心的事；是醫療人員，你會關心病人的建康；是諮詢顧問，你則會關心客戶目的是否達成。不過比起這些，你其實最關心的，應該是自己的荷包進帳。這意謂著你本身已經內鍵著一種誘因：你得讓客戶帳單上的服務時數愈多愈好——遠超過他們真正需要的。於是你在上述三種職業中，都被困在一種很值得懷疑的獎勵機制裡，因為只要考慮到自身利益，你就會自動讓客戶或病人增添財務損失，還同時賭上一種長期的信任關係。在客戶開始懷疑自己的律師是否在帳單上列出太多時數時，他對你的信任感就消失了。更糟的是：不僅對你為人是否誠實可靠信心動搖，基於光暈效應，他也連帶不再信任你的專業能力，等於你金錢與聲名兩頭空。

另一個例子：銷售員通常可以根據個人成交的銷售量來獲取傭金。這點其實沒有什麼大問題。只是當銷售業績是以季來計算，而且超過某個門檻抽成比例較高時，這種獎勵就會出現反效果。它會引發所謂的「塞貨」（Channel-Stuffing）現象，也就是銷售員把全年所有的業績都強塞進同一季，其他季別則可有可無、缺乏動機。

即使是學術圈，也採行一種非常奇怪的獎勵制度。一個學術工作者的前途和成就，很大一部分是決定於他在哪一份學術期刊發表過幾篇論文，以及這些論文有多常被引用。你可能是個非常出色的學術研究者，但卻得跟著一套蠢得要命的邏輯走——就像 YouTube 和 TikTok 上的那些網紅一樣。你沒辦法專注在研究上，卻得花費許多寶貴的時間瘋狂投稿發表論文。所以如果你還年輕，並且打算走研究工作這條路，請先弄清楚學術圈的運作規則。那個愛因斯坦和尼爾斯·波耳（Niels Bohr）以優美文筆互通書信，同時記錄下他們的研究的時代，可惜早已過去。

至於，第二點——不要讓自己變成這種愚蠢獎勵機制的犧牲者——你的銀行專員或許有多賣些高管理費金融商品給你的動機，也會慫恿你多多進場進行交易——因為每次股票買賣都會產生手續費。這對銀行方當然很有利，但對你可正好相反。所以絕對不要太信任你的銀行專員，不是因為他人不好，而是他的獎勵機制跟你的個人利益本來就相互牴觸。

如果你想知道這種愚蠢的獎勵機制有那些危險，就以完全不同的角度來看這個世界。一如化學家是從分子來看待一切，你則是從獎勵的角度來看人類的行動。一定要謹記這句俗諺：「絕對不要問你的理髮師你是否需要剪頭髮。」（Don't ask your barber if you need a haircut.）這不僅保護你免於被剪出奇葩髮型，也避免你被錯誤的獎勵機制誤導。

# 25 當個疑神疑鬼的偏執狂

所有的人都在跟蹤你。每個人都想拐你一腳把你絆倒。全世界都在密謀要對付你。你就讓自己積極地這樣想吧。不管到哪裡，你都看到挑剔、批判你的眼睛，聽到有人在背後竊竊私語。遇到任何倒楣事，都把它理解為證據確鑿——你周遭的人真的只有這個目的：讓你跌跤，讓你毀滅，讓你完蛋終了。壓力與恐懼侵蝕著你，你的工作再也沒有成效，更遑論未來職涯。創造力呢？沒了。讓自己放輕鬆？可能會毀了你。人們或許會說你偏執妄想，但事實上你只是警覺心比較強。朋友關係？總是很短暫。有人對你友好親切？絕對要小心：這人保證想從你身上得到什麼東西。跟你過去那些天真無知的朋友相反，你總是能看清人真正的模樣：簡單說，就是一旦有機會便發動攻擊的禽獸。

美國投資家巴菲特帶領著世界最大的企業集團之一——約有四十萬員工——但即使算上自己的私人助理，他的整個經營團隊也僅僅二十人。巴菲特說，理想的領導就像一個「由應得的信任所織成的無縫網絡」，省掉一堆官僚主義、監督和掌控。不過你可沒這麼天真，因為百分之百的信任並不存在，說不定連百分之十都太多。所以如果你是個經理

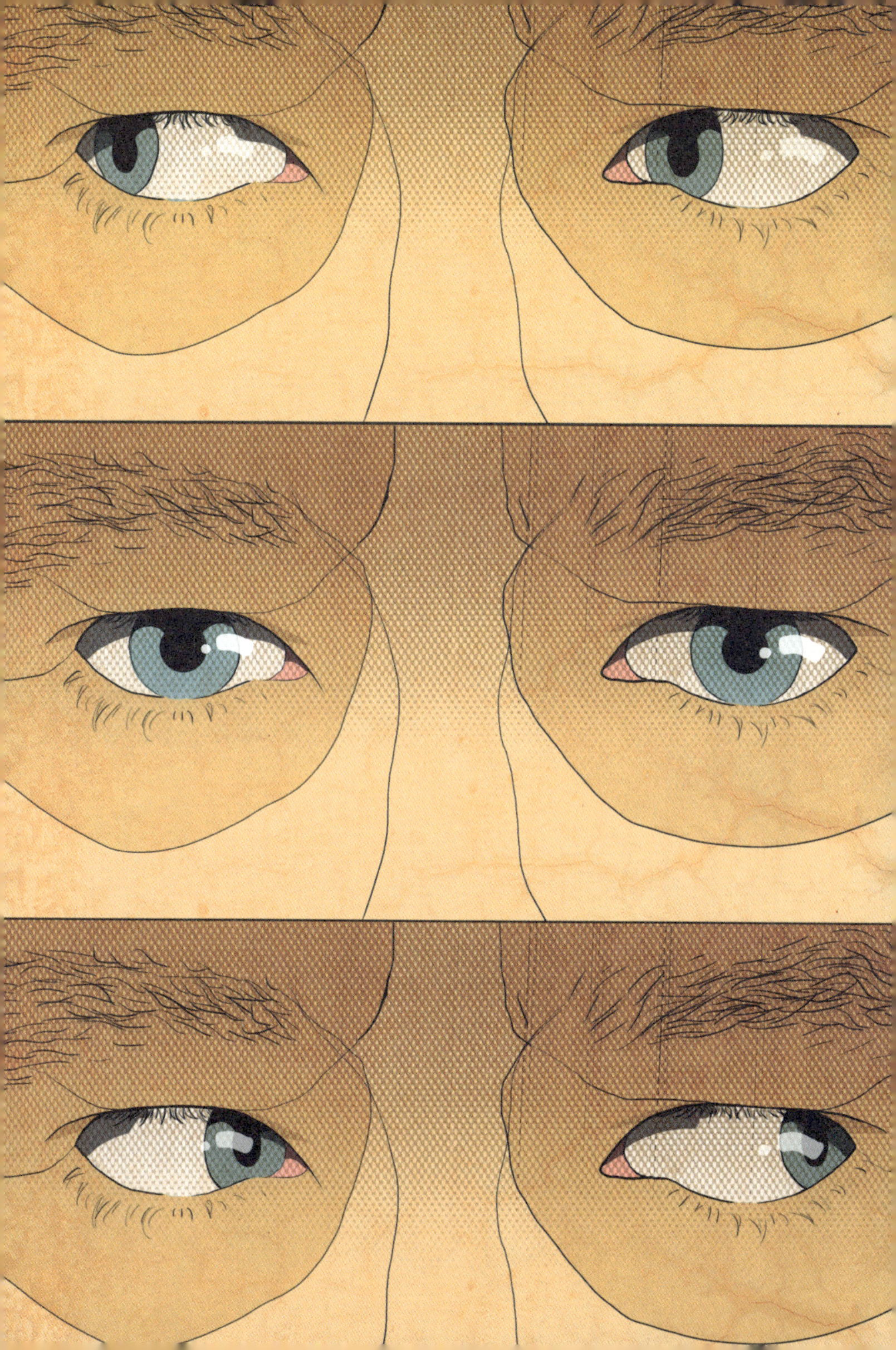

人，你就只有這兩種選擇：微觀管理（Mikromanagement），或讓它完蛋。這原則也適用在你的個人生活上：你的婚姻契約內容應該至少要五十頁，否則你寧願不婚。此外，如果沒設定追蹤裝置（如AirTag或Apple Watch等），你絕不會讓自己的小孩出門。

信任是銅，謹慎是銀，但多疑是金。這樣的人生態度，或許奪走了你所有的輕鬆愜意與生活樂趣——但感謝有它，你才能一直穩穩站著不被推倒。假如有一天，你生命裡突然意外吹過一小陣宜人和風，可千萬不要相信這是什麼好預兆——那後面絕對正在醞釀一場風暴。

## 理智的輕聲細語

當情況不太尋常時，保持多疑是合理的。例如你的銀行專員推薦給你一種新的「結構性商品」（管理費還碰巧很高），或是你收到非洲某國王的一封電子郵件，說想把遺產留給你。此時懷疑當然是唯一合理的反應。除此之外，如果有人給了你前後矛盾的訊息；如果事實顯然與你聽到的有所出入；如果某件事聽起來好得不像真的；如果有人催著你趕快做決定——尤其當它涉及理財；或如果有個你很熟悉的人，突然毫無理由地行徑大變……對所有這些表示懷疑，也完全合情合理。總之，健康的不信任態度能保護你免於跌入陷阱。

不過在兩種情況下，多疑會產生反效果：其一，當多年合作無間的關係，還是無法轉化為信任。舉例來說，即使有十年無可挑剔的婚姻，還是認為另一半必須讓你讀她／他的郵件——那你可能真的有點不太對勁。其二，當多疑轉變為偏執妄想。偏執妄想是某些完全脫離現實、非常極端且不可理喻的執念。譬如有人堅信鄰居多年來一直在自己的花園裝了竊聽器，儘管一點證據都沒有。當然，每個人都可能有過不理性的念頭，問題在於如果這種妄想發生的很頻繁。偏執扼殺你的生活樂趣、你的人際關係、尤其是你做事的效率——因為妄想會大量佔據你的大腦空間。這也是為什麼你得把偏執列進你的人生地雷清單。

問題是你該如何掌控這種極端型的多疑？首先，請客觀看待這個世界，或許在朋友的協助之下。整個世界都在密謀對付你的證據究竟在哪裡？拿一張紙並寫下你所有的觀察。我敢保證，如果你保持客觀，這張紙會一直都空白著。其次，請這樣認定：你並沒有像你自己所想的那麼重要。大家都有別的事要做，沒有空總是設陷阱讓你跳。第三，假如只訴諸理智行不通，那就服用能讓自己放鬆鎮定下來的藥物。有這樣的藥，而且它們很有效；你可以從醫生那裡取得——而且，不，你絕不是醫生的實驗小白鼠。

# 26 不把別人當一回事

你對別人感興趣嗎？省點力氣吧，不用表面假裝自己好像分享了他們的快樂與痛苦。你頂多就被動地聽著，然後盡管讓人察覺到，你是如何看待他們——其實就是毫、不、重、要。也不用去記別人的名字，你只要知道自己叫什麼，並盡可能地經常向世人自我宣傳，就完全足夠。努力記住別人的名字純粹是浪費大腦空間，這種事讓政客去做就好。而且跟你談話的對象，即使是叫另一個名字其實也沒差別。這件事本來就完全隨意。反正你只要對著這個人的方向說話就夠了，管他這張臉名叫什麼。

假如有人提到自己不幸的遭遇，不用進一步回應，只要用像「其實沒那麼糟啊」、「一切都會變好的」或「不要過度反應」……用這樣的句子來結束話題。你也可以就只是溫和微笑，讓對方意識到自己可能太誇張。或這樣說：「這種事每天都發生在世界某處的某個人身上。」——而這其實也完全反映事實。

這種「不認真看待」的態度，是一道保護你不受他人情緒波及的防火牆。而同理心會破壞這道牆：突然間你承擔了別人的情緒，就像有不速之客登上你的人生旅程那樣。反正

沒有人付錢要你認真對待別人，是吧？因此你也沒必要這樣做。這件事有鐘點費很高的心理醫生去做。

想要悲慘的人生，我建議你不僅可以忽略他人的感受，最好連他的觀點、思維方式和理念也都不予理會。試想，假若有個跟你意見相左的人最後竟然是對的，那你不就得修正自己的立場！而你當然不會這樣做。因為就像每一位擁有悲慘人生的行家，你知道這個世界是繞著你在旋轉，所有其他人都微不足道。當然了，真的有必要時，你還是可以假裝自己對別人有點興趣。例如你可以問他早餐吃了什麼，或問個十幾次他叫什麼名字，然後再隨即忘記。裝到這樣，應該就夠了。

## 理智的輕聲細語

美國作家史蒂芬・柯維（Stephen R.Covey）的《與成功有約：高效能人士的七個習慣》（*The 7 Habits of Highly Effective People*），是個人發展這類主題書籍中的長青樹。而柯維的七個原則之一，就是：試著先了解別人，然後再尋求被了解。不過想要「了解」別人，只是一般的聆聽是不夠的，你必須把等級再調高一階。柯維把它稱為「具同理心的傾聽」，那是一種誠心誠意試圖理解他人想法，並共感其情緒的聆聽方式。大多數的人談話時，只會聽進部分對話——也就是自己想聽的那部分。但具有同理心的傾聽，則要求人全心全意地參與談話對象——桌上沒有手機、沒有心不在焉、不帶任何偏見。

這種聆聽方式的優點顯而易見：首先，可以建立起談話對象的信任感。因此只要時間到了，對方會更願意敞開心胸來聽取你的意見。其次，如果你是真正在聆聽，不需要揣測對方的動機，給對方時間，他們就會自動娓娓道來。最後一點其實是老生常談，如果我們能從不同的觀點看一件事，問題通常比較容易解決。

只是帶著同理心傾聽這件事，並非每個人都做得到。大部分的人是透過解讀字裡行間、言下之意，來溝通重要的事；而這也意謂著，人至少得需要一點生活經驗，才不會對聽到的話，就字面意義照單全收。此外，你也不該產生太強烈的個人情緒，否則將無法保持客觀聆聽。

對具有自閉傾向的人來說，解讀談話對象的訊息是件非常辛苦的事。這點譬如在描繪數學家艾倫．圖靈（Alan Turing）一生的傳記電影《模仿遊戲》（*The Imitation Game*）中，就有很清楚的呈現。像圖靈這樣的人，應該會很希望所有人說出來的話，都能夠以事實的形式，黑白分明地攤在桌面上。假若全世界的人都像他們這樣做，溝通這件事應該會更有效率，也更少誤解。

幾十年來，心理學一直致力於研究「積極聆聽」；而其結果顯示，人其實可以透過自我訓練，來學會它的大部分技巧——就像我們可以學會聆聽音樂，或了解藝術那樣。不過這一切，或許終究可以用一個非常簡單的法則來總結——那就是在瑞士很受愛戴的政治人物暨老總統阿道夫・奧吉（Adolf Ogi）所奉行的「4M生活準則」：「你必須喜歡人。」（Man muss Menschen mögen.）

# 27 永遠活在過去

歲數即將跨入六字頭的托馬斯，曾經是乙級足球聯賽的選手。二十幾歲時的他，曾帶領自己的球隊贏下無數勝利；於是，他的名字在自己的家鄉變成了運動最高成就的代名詞。那是他一生至今，自覺最生氣蓬勃也最重要的幾年。只是歲月流逝，人生也有了讓人意想不到的轉折；但那段充滿榮耀的時光，對托馬斯而言卻從未真正過去。他的房子看起來就像是供奉著過去榮耀的神龕，到處裝飾著他在足壇最活躍的那段時期所留下的獎盃、照片和剪報。跟老朋友聚會時，話題也總繞著這段時光打轉——有些老朋友還一直戲稱他為「馬拉托馬斯」，而這名號當然來自阿根廷球王——也是連續帶球過人高手——馬拉度納（Diego Maradona）。十年前，曾經有人問過托馬斯願不願負責訓練地方的U14青少年球隊，那其實是可以讓他再度盡情揮灑足球熱情的好機會。但他拒絕了。訓練小孩子，根本不符合「馬拉托馬斯」應有的水準，而且說不定還會破壞他美好的回憶。托馬斯就是這樣讓自己舒舒服服地待在過去，而且他沉溺得如此之深，竟然對走進「這裡」和「現在」毫無興趣。

所以如果你想錯過自己的人生，就向托馬斯看齊，永遠活在過去吧。這樣做的優點，是你永遠會很清楚自己所有的感受，因為你只是不斷在重播你人生的迴圈。盡情沉浸在過去的榮耀時刻裡，或是——如果你偏好暗黑風格——再重溫一下過去悲慘的遭遇吧。悼念你逝去的愛情、丟掉的工作或與孩子們還小時共度的時光。回憶是如此佔據著你的心思，你幾乎沒有餘暇留給現在。過去就像一灘變硬了的水泥，而你困在當中，動彈不得。

## 理智的輕聲細語

人活著該用多少時間來緬懷過去呢？愈少愈好。如果可以就只是把過去當成一種資源來利用，從中汲取教訓，擺脫幻想錯覺，不僅能更有活力地活在當下，也會更順利地進入未來。而最好的做法是：在一本你可以定期翻看的記事本上，寫下所有這些教訓，這樣你就能問心無愧地埋葬過去。不斷反覆在腦海中重播自己人生的黑暗時期，反正只會讓你更陰鬱沮喪。那些美好的時刻呢？就像你最愛的音樂，再次聽到當然感覺很美，但你的生活並不會僅僅因為這樣，就有所改變。

在我所認識的成功人士裡，沒有戀舊懷舊的人。他們很少把心思用來緬懷過去，一旦從中汲取了教訓——即再也沒辦法從過去提取任何對今天有用的東西——他們就會全心全意專注於未來。

斯多葛主義（兩千多年前的一種哲學流派）的追隨者，也有類似的觀點：有些事是人可以改變，有些事則是人絲毫沒有插手的餘地。而「過去」，無疑屬於後者。你就只能接受它，希望事情會有所不同，根本毫無意義。此外，對於自己的過去你也該果斷處理：如果你得花上五年的時間去心理治療師那裡「消化」它，那你一定有哪裡做錯了。

令人遺憾的是，要做到這點顯然很困難，有太多國家就卡在自己的歷史裡動彈不得。許多政治領袖會特意提起自己國家——其實根本從未有過的——輝煌的過去，以促進人民的國家認同並合理化自己的權力。這樣做很危險，因為它會導致斷章取義地扭曲歷史、政治復仇主義以及愚蠢的決定（看看俄羅斯）。相較之下，沒有起源迷思（像臺灣）或已經大幅度破除這種迷思（像瑞士）的國家，這方面則比較自由，行事也更理性。

我完成學業後的第一份工作是在瑞士航空。當時的我，不管在全世界哪座機場看到「我們」的飛機，都驕傲的不得了。二〇〇一年瑞士航空破產後，有好幾個月的時間，我都在緬懷過去那段輝煌歲月。直到一位前瑞航的同事對我當頭棒喝：「夠了吧！在你眼前的才是真正的人生！」現在，每當發現自己又沉溺在過去時，我就照這個規矩做：不能超過三十秒！我已經把自己訓練到，對個人的思舊情懷幾乎有過敏症了。

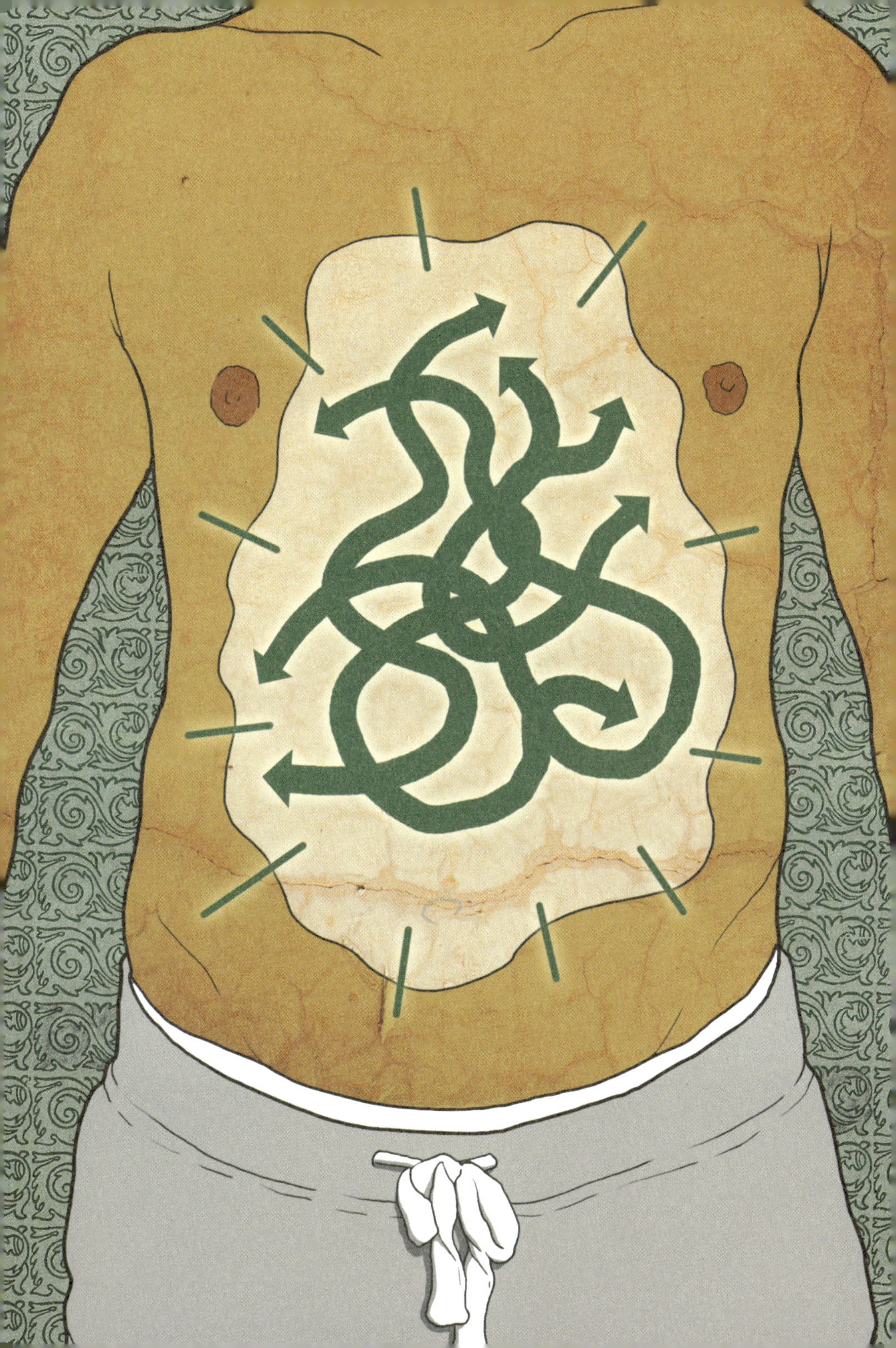

# 28 聽從你內心的聲音

你正在尋找自我嗎？需要有人為你指點方向嗎？很簡單：聆聽自己的內心吧。在你內心深處，藏著你是誰的祕密——你內心的聲音。不知道該怎麼安排你的時間、你的人生、你的人際關係和工作前程嗎？沒問題，你內心的聲音會把答案透露給你。你得對它有信心。你渴望獲得建議和靈感，對此它只會非常樂於照辦——它會用憂慮、恐懼、願望、警告、回憶或待辦事項，用偶爾聽到的句子、你青少年時期的糗事，還有發生過或從未發生過的事，來填滿你每個思緒的小空檔。它會把所有這些事都傳達給你，而且常常不請自來。它五花八門地像一份YouTube的播放清單，還總是悉心配合你每分每秒的需求和喜好。你內心的聲音——這聽起來如此美好——就是你人生的羅盤，幫你指向悲慘人生的羅盤。

想把人生過得很慘，你就該包山包海什麼都嘗試，然後每件事都虎頭蛇尾、有始無終——而對此幫上大忙的，正是你內心的聲音。它一下說這件事，一下又說那件事。它一下要這樣，一下又要那樣。你的人生路會像一條充滿急轉彎的路，既無目標也無意義。更重要的是，你會從此再也不無聊，因為你內心的聲音完全有辦法每週七天、每天二十四小時滔滔不絕地閒扯。你就好好地傾聽吧，而且不用要去深究它的內容。能夠這樣巴拉巴拉說個不停，它肯定知識淵博！

## 理智的輕聲細語

據說人的大腦每天都會出現十萬個想法。這代表扣掉睡眠時間，平均每秒大約冒出兩個。你如果自我觀察一下，應該很快就能證實這個數據還算可信。只是這些思緒很少是有意識或是原創的，甚至更少是重要的。你可以把這一大團混亂的思緒通稱為「內心的聲音」——它像一座火山，不斷吐出熾熱但又隨即冷卻的思想熔岩碎屑。期待自己能從這團混亂中找到指引，可說是愚蠢到幾近犯罪。而對此我有以下四點說明。

首先，那不是你內心的聲音。你只是它的聽眾，到底要不要聽，由你來決定。這種內在的聲音通常是一種干擾源，我建議你不僅盡量別理，還要把它列入你的人生地雷清單。這個內在的聲音從不滿足，總是在舉報問題；它不斷敲響警鐘，提醒你某些無論如何都不該發生或遺忘的事。你「內心的聲音」常常欲罷不能地上演著濫情通俗劇。

第二，令人遺憾的是，我們沒辦法關掉這個「內心的聲音」。除非你可以做到冥想（我自己是從未成功過），然後摒除所有的思緒和雜念。可是即使你比我厲害，也不可能整天二十四小時都在冥想；只要（成功的）冥想那種平和沉靜的狀態過去，那些刺耳的聲音就又會響起。因此我們得用別的方式跟這團混亂的聲音打交道。解決辦法：把腦袋傳來的那些訊號中較重要者，記在一張紙或行事曆上，也可列入待辦事項清單，而且請持續這樣做。例如我的 iPhone 就有這樣的設定：只要按一下右側按鈕，我就可以對著麥克風說出某個剛從腦袋一閃而過的念頭，而它會立刻被記錄並出現我的待辦事項清單中。不用打開任何 App，也不用輸入任何字，不用中斷刷牙也不用停下煮飯的動作。一段時間之後，那些喧鬧的聲音逐漸平息了，因為我知道比較重要的想法已經記下，我不再需要在腦中不停地反覆思考。每星期我會檢查我的待辦清單兩次，把記下的事項變成行事曆條目並附上截止日期，或者刪掉——這點非常重要！——那些在仔細思考後確定並不重要的。終結腦袋塞車，也結束那沒完沒了一直在循環的思緒迴圈。

第三，事實上你「內心的聲音」與現實的關係出奇地少。讓我們感到壓力的通常不是現實，而是我們腦袋裡的想法。所以待在外面的那個世界，處理你真正的問題吧。專注在你的長期目標和眼前的任務上，這會給你清楚的方向。

最後，即使是關於整個人生的大方向，即你想如何安排自己的人生這個問題，也請有意識地不要去聽從這個內心的聲音——你該專注在你實際擁有的能力上。你在哪些方面擁有明確的優勢？集中精力去發展這些技能吧。假若在你洗澡時腦袋裡突然有個狂熱的聲音告訴你：「去當歌手吧！」但其實你在數字上遠比唱歌有天分，那你就應該去當會計師、審計師或統計學家。這個世界需要的是數字人才，不需要蹩腳歌手。

# 29 相信人都是理性的

如果你喜歡對牛彈琴或即使白費工夫還是要去碰壁，那就應該相信你周遭的人都是理性的動物。要不要試試以再清楚不過的論點，去說服你的另一半、你的同事、上司、客戶或鄰居，讓他們認同你的意見？我保證你自己很快就會失去理智。

舉個例子，試著讓你太太打消念頭，不去買她的第十七雙鞋。你的理由肯定很充分，只是恐怕她聽不進去。或者，試著以絕對理智地說服你先生，告訴他一輛車並不需要三百匹馬力。

你投資股票嗎？那就相信其他投資者也都跟你一樣理性，而且股票行情總是正確反映公司企業的價值吧。這很合理，不是嗎？如此一來，你就得有這樣的心理準備，例如當股票市場再次爆發恐慌時，你將錯過每一個可以撿便宜的機會。而且你也會在泡沫破掉之後，才意識到泡沫的存在。

假若身為政治人物的你，目標是失敗，那就相信選民會因為你天資異稟、政見高明和論點無懈可擊而投票給你吧——因為事情肯定不會這樣發生。選戰的勝利者，事實上會是你資質無比駑鈍的對手。而原因是：他們在海報上笑得很討喜，他們愛講陳腔濫調的客套話，還不厭其煩地到處握手親小孩。

想保證下次在跟某個潛在的生意夥伴打交道時栽跟頭嗎？那你就不苟言笑，只關心合約內容，完全沒問也沒聊他的老婆小孩或他的興趣嗜好及度假計畫。

不過親愛的讀者，你最悲劇的失敗會是你相信自己是理性的。你的錯覺會讓你無視以下事實：其實你一直在高估自己，一直很自以為是，也一直在假借某種（不理性的）「理由」，來拖延你不想做但很重要的事。

## 理智的輕聲細語

有很長一段時間，經濟學家的研究都是以「理性人」或「經濟人」（Homo oeconomicus）這種理想化的形象為基礎。經濟學家假設，人基本上都會理性思考，擁有不受限制的意志力，專注於最大化自身利益，能夠迅速思考且隨時擁有完整的資訊。而這個錯誤假設帶來的結果，就是長期以來讓經濟學惡名昭著的許多無用的預測。到了一九七〇年代，一種思想上的轉變開始了。有愈來愈多研究發現，人的行為其實經常偏離理性；經濟學終於認識到心理學的重要性，而在此同時，心理學也經歷了長足的進步。長久以來，它都只是一堆上不了檯面的論點與假說（關鍵字：佛洛依德），現在它確立了自己成為一門實證科學的基礎。如今，我們知道了一件過去人憑直覺一直都知道的事：人很少理性行事。換句話說，如果你假設人的行為是理性的，那你就注定要不斷碰壁失敗。

然而，不按牌理出牌並不代表我們就無法預測人的行為。只不過它所依循的準則，會比純粹以理性為基礎複雜一點。就像學母語一樣，絕大部分的這些準則我們其實已經自動習得——可是人是無法一概而論的。如果你天生對人就欠缺敏銳細緻的感覺，那你得好好特別加強「人性」這門課。我建議每個剛進入職場的人，都去讀讀社會心理學的教科書。即使毫不間斷，這本書還是得花上你四星期的時間來閱讀，但它會給你絕對值得的回報：你會對他人的動機和行為，得到最重要的理解與判斷。而這不管在職場或在個人生活上，都會讓你一輩子受用無窮。此外，你也能建立起一種避免被人操縱的心理防火牆。你會較少落入廣告陷阱，並提早辨識出對手的談判策略。

請記住這點：我們人做事情的方式，其實經常很像律師——也就是先決定好立場（或許這樣說更恰當：我們的情緒、直覺和潛意識幫忙做了這一切），然後再找出相應的論點來支持它。

所以，你得留意這種非理性的先入為主之見，並且質疑自己的直覺。你愈早接受人並不理性（包括你自己）這個事實，就會愈懂得怎樣跟「人」和跟你自己相處。不接受人的不理性，就是不理智的行為！

# 30 成為虛無主義的信徒

請你用十分鐘的時間，靜靜地思考一下宇宙的無意義性。在一百七十八億年前的大爆炸中，物質形成了。它們因重力逐漸聚集成恆星，並開始發光。在這些恆星周圍出現了行星——包括地球——然後很快地，那上面萌發了生命。幾百萬個物種形成然後又消失，而我們是其中之一。不管我們怎麼做，太陽都會在一百億年內繼續膨脹，並摧毀地球所有的生命。即使我們有辦法逃離太陽系，終究有一天，最後一顆恆星也會熄滅，黑暗會永遠宰制一切。整個宇宙在幾兆年內，只會由全然的空洞和逐漸不再輻射的黑洞組成。無論你怎麼努力克服，生命都沒有任何機會。

無比黯淡的前景，是吧？所以親愛的讀者，不管你要怎樣過你的人生，從宇宙看來，根本完全無所謂。你不會留下一絲一毫的痕跡，無論是你的情書、你的度假屋、你收藏的保時捷或是你繁衍的後代子孫……更別提你有什麼願望和想法。一切都沒了，一切都是虛無。而既然這是個既定事實，你當然得趕快學會掌握虛無主者的觀點。這樣你在一切毀滅之前，就不需要等候太久；從今天開始，你就會覺得自己既可悲又可憐。

不過有些自認聰明的人——例如哲學家沙特和卡謬這些存在主義者——儘管看清了宇宙的無意義性，卻還是主張人得在微小事物上尋找意義。他們說，唯一的意義泉源就是個人的行動。可是如果整個宇宙沒有意義，憑什麼我們在這個轉動中且名叫地球的小岩塊上所做的小事，就會有任何意義？你真的想掉進這個行銷意義的陷阱裡嗎？沙特和卡謬的論點根本不合邏輯。生命本身並沒有意義、價值或目的。

這說服不了你嗎？假設你是醫院的心臟外科醫生，很為自己拯救過兩千六百七十八條性命感到驕傲。這可不能說什麼都沒有吧！但假若這個世界上沒有「你」呢？那會有另一個人在這個位置上，而且救的人說不定還比你多。你會領悟到：我們每個人——你跟我都一樣——都是完全可以被取代，完全無關緊要的。假若這個世界沒有你，你的另一半會找到另一個人生伴侶，而且說不定那個人還更好——這你可得老實承認。所以，每天早上都這樣告訴自己吧：整體來說，你的存在真的沒有任何意義。

## 理智的輕聲細語

一直到進入十九世紀，上帝、啟蒙運動和共產主義這三個「宏大敘事」，都還能賦予我們意義。哲學家尼采是第一個預測這些宏大敘事終將崩塌的人，但西方世界大多數的人卻是到二十世紀中期，才感受這這種崩塌。今天有百分之四十的美國人認為自己不知道生命的意義，而這個數字在歐洲很可能也相去不遠。

這種意義喪失的傳染病有辦法預防嗎？你眼前或許有這幾條路可選。你可以對找不到外在的意義來源感到絕望，變成虛無主義者，然後陷入憂鬱沮喪——一條不怎麼美好的路。你也可以變得憤世嫉俗——這是最受二流新聞記者歡迎的選擇。你當然也可以放棄尋找偉大的意義，只致力於簡單的快樂——例如透過消費和娛樂。這個方法短期內效果意外的好，因此也是大多數人的選擇。

然而，我要建議你第四條路，就是充分發揮你的能力。為自己創造一個能力圈，並讓自己對此完全精通熟練。儘管從宇宙宏觀的角度看，你的作為還是一樣毫無意義；但是當你擁有了頂尖的能力，就能提供給這個（目前還存在的）世界一些有價值的東西。你創造了價值——為你自己也為別人——而這也就是存在主義者提到的所謂的「小意義」。這道解決困境的藥方有其效果，儘管不是一場意義的大煙火，至少也是有意義的小火苗。而且要發現這種「小意義」，你不必是居禮夫人、亞里斯多德、愛迪生或愛因斯坦。一九六二年，美國總統甘迺迪在訪問國家航空暨太空總署總部時，偶遇一位清潔人員。當總統問他在這裡是做什麼時，他沒有回答：「我負責掃廁所。」而是說：「我協助把人送上月球。」

# 31 在每件事情中都看到災難

你有點頭痛？絕對是惡性腦瘤在作祟！胸腔部位有輕微的壓迫感？肯定是心臟病症狀。另一半沒接你電話？不用說，很可能正躺在別人床上，要不然就是發生了車禍。把事情災難化——把疑慮膨脹到極端巨大——讓你成功地變成一個神經超級過敏者。現在你的悲慘人生，可以正式開始了！

想客觀評估風險，我們其實會參考所謂的基本比率，也就是統計學上的基本分布數據。人在一天二十四小時內，因車禍而死亡的機率有多高？在瑞士，這個機率是百分之〇．〇〇〇〇二。那你的另一半把手機調為靜音、手機不小心掉進水坑，或行動網路因超載而當機的機率又有多高呢？答案：比車禍高一萬倍。但誰會去計算這些？你當然得始終想著，這肯定是災難！

朋友本來要跟你一起喝咖啡，但取消了約會？她一定不想再跟你來往了。你是學生然後某次考試不合格？你的一生都完蛋了。你錯過了一個非常重要的工作期限？那你的職場生涯全毀了。你得發表一次演說，結果你卻語無倫次舌頭猛打結？肯定沒有人會忘記你這次出的大糗。你買的股票已經連跌三天？去社會救濟所預約一個床位吧。每日聯播新聞報導了格勞賓登州（Graubünden）發生山崩，有隻高地牛還因此斷了後腿？毫無疑問，世界末日不遠了！

## 理智的輕聲細語

人對負面事物的反應，本來就遠比對正面事物強烈。為什麼會這樣？因為負面事物有可能致命，正面事物則頂多讓你快樂一點。想當然爾，在遙遠的過去，一定也有那種對負面徵兆經常掉以輕心的採集者或狩獵者——例如在劍齒虎從穴壁間朝他跳過來時，還對牠友善示意。不過他們應該早就從人類的基因庫中消失了。只有那些膽小、多慮且喜歡疑神疑鬼的人，才能存活下來。而這些人的後代，就是我們——因為這些特質，今天才有我們的存在。

而媒體也在運用這樣的法則：負面標題，永遠更能吸引閱聽大眾的注意力（所以你不該總是盯著新聞看）。這種現象被稱為「負面偏誤」（Negativity-Bias），百分之八十的新聞報導內容因此都傾向負面，其實一點都不令人意外，因為這樣才能為媒體帶來收益。

一如人類所有的情緒活動，這種偏誤也有兩極化的可能性。不管是在財務、工作或人際關係上，從未認真看待負面訊息的人，很容易天真無知地走向災難。然而，把每個負面訊息都放大成災難的人，也同樣可悲。災難妄想者會因此讓自己的日子變得尤其難過：把每件小災禍跟小意外，都當作是某種永久有效的自然法則的證據。這樣的行為當然毫無疑問該列入人生地雷清單。沒錯，不幸的事情會發生，但它在數量上絕對遠比正面的事情少。此外，把事情災難化跟偏執妄想症不同（參見〈當個疑神疑鬼的偏執狂〉一章）：偏執的人不管在哪裡都會看到陰謀的跡象——也就是他人的惡意；把事情災難化的人，則總在心裡設想著最糟的情況。

為什麼把事情災難化，會導致你人生無法幸福美滿？因為這完全是在浪費你寶貴的腦力。告訴自己，只有當你也能以同樣具說服力的方式提出反論——「一切其實沒有那麼糟！」——才允許自己把事情災難化。除此之外，習慣把事情災難化的人，行事決策也往往會過度小心。如果你超級謹慎地把自己的積蓄百分之百存在銀行裡，得到的投資報酬當然是零，在扣除通貨膨脹效應之後，那甚至是一種損失。但假若你能用聰明一點但被動的方式來投資它，根據過去經驗，儘管景氣有好有壞，每年你應該都還有百分之十上下的回報。不過小心：如果你有把事情災難化的毛病，只要股市一跌，就恐慌地賣掉你的被動型指數基金，那賠錢當然在所難免。

如果你把事情災難化的傾向已經到了病態的地步，去看醫生吧。導致這種現象的原因很多，但它們全都可以治療。而且別擔心，腦腫瘤絕不是原因之一。

# 32 視金錢如糞土

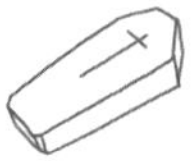

如果你希望自己的人生可憐又可悲，我建議你：不要浪費任何心思在金錢上。反正錢來來去去，而且總對自己財務狀況思慮再三的人，並不真正了解人生。所以假若你的手頭剛好有點緊，不用想太多，繼續放心輕鬆悠遊在零存款線上吧——這樣你就會置身比較高尚的社會裡。偉大的人物——包括大多數的宗教創立者——都鄙視金錢。你真正需要認真看待的不是此生，而是來世——而眾所皆知，那裡沒有中央銀行。在政治這方面，充滿銅臭味的金錢也非常可疑：金錢是一切不義的根源，它代表著資本對勞動的壓迫，人與人之間的疏離，簡而言之：它是魔鬼的化身。

很可能你的朋友很窮，而擁有金錢或甚至累積財富，讓你感到尷尬。貧窮很酷，貧窮讓人更有親和力。對金錢這個議題的漠不關心，更讓你傳達出一種許多人都欠缺的基本信任感，而正是這點——不是錢——讓你真正與眾不同。你的層次，也因此超越了那些只知道自己銀行存款餘額的人。我還要建議你相信「希望」這個原則：如果你真的需要錢，它肯定會在某個時候從天而降，就像老天總會偶爾下一場雨那樣。天曉得，說不定哪天你甚至會一鳴驚人：某個重要人士發現了你——可能在你等公車，或在你擔任星巴克咖啡師的工作時——然後提供你到好萊塢發展的機會。即使這樣的事沒發生，你還是可以一直仰賴著陌生人、有錢人、基金會或國家的慷慨來過活。你阿嬤說過「平常多儲蓄，困難時就沒憂慮」這句話吧？哎，這種話或許在上個千禧年時還有人信。

## 理智的輕聲細語

有關金錢這個主題描寫得最美的一段話，是出自馬克斯．弗里施（Max Frisch）之手：「我想到了英格博格（Ingeborg）和她對錢的看法；一疊鈔票和一筆酬金，讓她高興得像孩子一樣，然後她問我想要什麼東西。她說錢就是要拿來花的。而她是這樣花錢的：她不把錢當成是工作賺來的薪資，而是像取自一個公爵夫人的財庫，有時還是個窮公爵夫人。……她的錢，我的錢，我們的錢？你要麼擁有它，要麼就是沒有它；偶爾發現錢不夠時，她會驚愕不解得就好像這個世界有哪裡不太對勁一樣。……她給自己買了那麼多鞋子，就好像她是一隻千足蟲。」

也許你會喜歡英格博格這樣的人——我也是！——只可惜她錯了。錢不是用來花掉的，錢是用來儲存的。只有在存起來的形式下，錢才能發揮它最重要的功能：讓人獲得心靈的平靜。你的存款不僅像一道防火牆，保護你免於遭受經濟上的災難，它還賜給你大把的自由。所以幫你自己一個忙，讓自己變富有吧。

你知道「Fuck-You-Money」這個詞嗎？一種很極端的表達方式，但很真實。它表達了你可以直言不諱對嗆老闆的最後幾個字，意思是你應該隨時擁有這樣的自由——說句「老子／老娘不幹了」，然後從容不迫地找一個更適合自己的工作。具體來說，你的積蓄應該要足夠到即使沒收入，也還能支撐你十二個月的生活——能二十四個月當然更好。除此之外，錢也可以替你工作：即使現在的利率或股息紅利很低，你總還是能得到一點收益。以下是我的幾點想法。

首先，剛展開職場生涯時——此時你還沒有組織家庭，生活成本較低，對舒適度的要求也不高——也就是在人生這段相對輕鬆的時期，認真看待自己的財務是非常重要的事。在你生活開支暴增之前，你應該積極存下自己的「Fuck-You-Polster」（可以直嗆老闆的儲備金）。

其次，當你攢了一筆儲備金，確保了心靈的平靜，如果每個月還能剩下一點錢——用它來換取時間吧。隨著有了孩子和你自己年歲增長，時間會變成更珍貴的資源，因為你沒辦法像增加財富那樣增生時間。

第三個原則：不要有債務。唯一的例外是房屋貸款，除此之外，不管是微型貸款、小額貸款或信用卡債務，你都應該避免，甚至連租賃都不要。如果無法全額付現買車，就買一輛保證你可以輕鬆付現的二手車。我自己甚至這樣做：一直到有能力全額現金支付時，我才買了房子——老實說，這當然是極端老派的觀念。

總之，你應該把錢看得和健康一樣重要。有錢不會讓人幸福，確實如此。但沒有錢，可會讓人極端不幸福。

# 33 培養自憐自艾的能力

突然間一聲巨響，你的車停住不動了。你邊下車邊咒罵，然後發現自己撞上了一根柱子。假若悲慘人生是你的目標，那你就指天罵地到處怪罪吧——你唯一不會責怪的，就是你自己。有誰該負責任呢？是理應幫車子裝上警示感應器的汽車製造商；是居然把燈柱立在這麼蠢的位置的市政府；是讓你壓力山大的老闆，為了他你的思緒早已飛到辦公室，因此才出狀況。還有，你的駕駛教練當然也有責任，顯然他沒把你訓練好。

如果你想過著很糟的人生，我建議你：盡管讓自己浸泡在受害者心態的醃汁裡吧。把自己看成受害者，就像在塗藥膏——也像在吸毒品——你會一開始感覺良好，然後很快就上癮。你會感到很輕鬆，因為責任不在自己身上。大學學測成績一敗塗地？很合理：因為老師這麼糟，評分這麼不公平，尤其是對於像你這樣獨特的人來說，這種會考制度根本純粹是刁難。

想成為真正的自憐大師，你只需要在每件事情裡，都看到某種偏見——例如針對你的出身、年齡或性別。這給了你一種機會，來理直氣壯地大聲提出要求，因為整個社會現在都欠了你某些東西。你不努力提升自己，而是把時間浪費在忙著在腦袋裡列出清單，以證明「像你這樣的人」在各領域都受到了刁難。你的人生，將布滿你不得不撞上的柱子。那將是一場不斷反覆上演的事故。

## 理智的輕聲細語

不管你多聰明多成功，都難免會遭遇挫敗。即使是那些表面看似完美的名人生活背後，也隱藏著淚水。人生遭遇一定程度的失敗，完全是可以預期的事。而假若這些挫折至今都還沒發生在你身上，什麼時候來也是指日可待。

壞事會發生，當然總是有它的理由。每一場災難，都是一長串看不到盡頭的因果鏈中的最後一環。只要花點功夫，你或許可以把這條因果鏈追溯到宇宙大爆炸時期。即使是咎由自取的失敗，也不例外。人為什麼會做出愚蠢的決定？並不是因為人「想要」做出一個愚蠢的決定，而是欠缺了知識、周密思考或意志力，所以最後就只能有這樣、而不是那樣的結果。

如果你想過上美好的人生，以下是我的幾點建議：首先，分析自己為何失敗，並從中學習。相較於成功，你可以從失敗中學到十倍的教訓。再者，無論如何都不要讓自己陷入自憐的情緒。當你自覺是受害者時，你就已經輸了。為什麼？因為受害者的心態會阻礙你

掌控自己的人生，並剝奪你的行動力。把自己當成受害者，是一種完全徒勞無功的生活態度；在你的人生地雷清單上把它置頂，徹底拋開這種自憐的情緒吧。

客觀來看，受害者心態當然也不算錯誤。我們確實是自己不完美的基因、零碎片段的知識、不公正的歷史與周遭讓人氣惱的環境的受害者。然而，這種認知對我們根本沒什麼用，反而只是讓生活變得更糟。一旦陷入受害者心態，就像流沙難以脫逃。

那究竟該怎麼做？為自己培養一套與自憐完全相反的思維方式吧。美國投資家蒙格說過以下這個故事：「有個朋友總是隨身帶著一大疊卡片。如果有人說了什麼自憐的話，他會緩慢且謹慎地拿出那疊卡片，抽出最上面那一張，然後遞給那個人。那張卡片上寫的是：你的故事讓我很感動，我還從未聽過有人像你這樣不幸。」

在美國中西部大蕭條時期一個貧困家庭裡長大的蒙格，為自己定了一條鋼鐵般嚴格的法規，而你如果能原封不動地接收它，將從中受益無窮：「每當你覺得是某種情況或某個人毀掉你的人生時，記住：把它搞砸的，其實是你自己。這個想法是如此簡單。把自己看成受害者，絕對是最災難性的生活態度。無論情況有多糟，你都要保持這種心態：這都是你自己的錯，而你只能盡量挽回把它修復。」

# 34 讓自己聽命於他人

愛上某個人是如此美好，那為什麼不把它推向極致？你要不僅是愛著，還要全心全意地把自己獻給你所愛慕的那個人——完全聽命於她吧！這會讓你置身一種真正的狂喜——先是快樂的，然後是悲劇的，保證你有受不完的罪。英國作家毛姆在他的小說《人性枷鎖》（*Der Menschen Hörigkeit*）中，就生動描述了這種沉淪：菲利普，一個天生有著足內翻問題的人，愛上了女侍米爾卓。然而，米爾卓並沒有回應，只是利用了他的愛。儘管如此，菲利普依然無法抗拒自己的感情。不管米爾卓要求什麼，他都照單全收、有求必應。

所以如果你想要過著悲慘的人生，我建議你：忽略毛姆小說中的警告訊號吧，否則你可永遠都享受不到這種病態的痴迷。你得好好培養那種被摯愛拋棄的經常性恐懼；而且為了怕被拋棄，再大的犧牲你都願意。他不喜歡你的興趣嗜好？那就放棄它們。不喜歡你的朋友？那就疏遠他們——就算是家人，也不例外。為了證明你的忠誠，讓他監控自己的通訊——你的電話、電子郵件和短訊，都不是祕密。或許他最希望的，是你再也不跟其他人碰面？沒問題，那你就跟外界自我隔絕。反正你本來就應該只屬於他——或她。

還有一點非常重要：你得放棄你的個人抱負。自己的事業？中斷，因為你不想「妨礙」你的伴侶。總是批評你的外貌和行為舉止？你應該寬容忍耐。以一段真正糟糕透頂的關係來說，你當然需要每天的批評和貶低。或許你的伴侶是以一種讓人忍無可忍的方式來對待你，對你背叛、撒謊或甚至虐待。但你千萬得熬過去，因為這段關係絕對值得。容忍所有的一切吧，只有這樣才是真正的奉獻。

所以如果你終於找到這樣的人，我建議你跟她／他結婚吧！你得說服自己，百依百順，是愛的終極證明。最糟糕的婚姻形式，並不是無聊到陷入一種清醒的植物人狀態，也不是有機會就想殺掉另一半的劍拔弩張。不，最可怕的是奴隸般的聽命順從，它標示出一段關係的令人絕望。

人在這種情況下，當然也可以隨時選擇逃離，在外人眼中，這是再明顯不過的解決辦法。然而，正是「順從」的本質，使那條原本應該是愛的紐帶，變成了難以摧毀的無形鎖鏈。這個偽裝成伴侶的奴隸主人，甚至還不用特別富有、漂亮或特別酷，有時候吸引人的，正是最原始的東西。此外，那也不一定非得是愛情關係，人也可以對朋友、上司，對自己的心理治療師、政黨或教派領袖，表現出完全的順從。所以你也不用太挑自己聽命的對象——所有上面這些人，都同樣能搞砸你的人生。

## 理智的輕聲細語

毛姆所描寫的愛情是病態的，一種強烈依賴、精神病式的愛，愚蠢、毫無個性且深具奴性。許多作家也描寫過類似的例子，例如托爾斯泰的《安娜·卡列尼娜》，歌德的《少年維特的煩惱》（*Die Leiden des jungen Werther*），約翰·威廉斯（John Williams）的《斯通納》（*Stoner*），納博科夫（Nobokov）的《蘿莉塔》（*Lolita*），麥克伊旺的《鋼琴課》（*Lektionen*），如果你想要的話，當然也可以算上E·L·詹姆絲（E. L. James）的《格雷的五十道陰影》（*Fifty Shades of Grey*）。這些小說是濃縮的人生故事，因此基本上就充滿警世意味。去讀讀它們，你才能及早培養出對這種奴性的敏銳嗅覺。

順從並非絕對來自盲目的愛。有時候，它更源於地位、教育、金錢、年齡或自我價值感的巨大差距。而自我價值感低的人，會更明顯地容易傾向被宰制。他們通常認為能夠擁有一段關係，就已經是一種自我肯定。不過，即使是自我價值感高的人，也不見得就能免於淪為聽命的一方——你也許會想到弗里施對英格博格的百依百順，或蒂娜·特納對她的暴力丈夫艾克之聽命順從。把這些例子當作警惕吧。只要察覺到自己有過度順從的跡象，就立刻結束這段關係。**不擁有任何關係**好過一段唯命是從的關係何止千倍。

# 35 快速致富，快速變聰明

一位熟人跟你提供了投資非洲銅礦的機會，說是收益非常驚人：在過去三年裡，他的本金已經翻了十倍。不僅如此，這個項目還很安全，因為這個世界永遠都需要銅。然後隔天，你接到了你的銀行專員打來的電話。他說銀行現在推出了一種新型的衍生性金融商品的基金，細節有點複雜，沒辦法在電話中詳述。不過根據他們銀行內部金融數學家（個個智商都超過一百四十）的說法，投資者可以預期超過百分之五十的紅利。而且這個基金其實已經被超額認購，只因為你一直是好客戶，所以還能特別為你通融。他建議你把一半的存款投資在這個基金上，如果一切順利，說不定三年後你就能實現「財富自由」！接下來同一天晚上，你又收到了一封來自白俄羅斯某寡頭的電子郵件：他需要一筆緊急小額貸款來周轉，如果你今天匯一萬美元給他，他保證明天會還你十萬。這樣的報酬，簡直好到讓人無法置信！

我對悲慘人生的建議是：不要錯過任何可以一夜致富的機會！在遍地黃金、機會無限的地方，人們管它叫「Get rich quick」——快速致富：不是靠辛勤工作、有遠見地儲蓄和謹慎投資來賺錢，而是乾脆等它從天而降。你就這樣做吧！你絕對會超越你的朋友——不過是在向下沉淪的路上。

## 理智的輕聲細語

一九一九年的波士頓，義大利移民卡洛・龐茲（Carlo Ponzi）又化名查爾斯，一個人生翻過無數次車而且還前科累累的「企業家」，對他的投資者承諾了九十天內回本百分之五十的收益。而他確實也支付了這麼多——只不過是利用其他新投資者的資本來達成。這完美地營造了這門生意極其有利可圖的假象，也因此在這個驚人投資報酬率的消息傳開後，有成千上萬的人把數百萬美元投資到他的「快速致富」系統中。只是龐茲的系統並非奠基在任何能夠生產某種東西的事業上，這個系統根本完全是虛無的空殼。他唯一做的事，就是把新投資者的錢，轉到先前的投資者手上。到了一九二〇年，有關當局終於開始調查龐茲的獲利回報；接下來投資者信心動搖，整個系統也突然崩潰，然後龐茲又回到他幾年前待過的地方——監獄。直到今天，這仍然被視為是大規模金融詐騙的代表案例；因此這種「快速致富系統」或滾雪球式的銷售手法，有時也被稱為「龐茲系統」。以下是我對此的四點看法。

首先，如果有人承諾的獲利遠高於一般水準，你就可以認定這是詐騙。換句話說，假若整件事聽起來好得不像是真的，那它就不是真的。快速致富是行不通的（除非你中了樂

60
5
10
15
20
25
30
35
40
45
50
55

透或繼承了財產），真正可行的是「慢慢致富」。

第二，如果你無法確切了解錢是怎麼賺來的，那就絕對不要碰！不要去碰像加密貨幣、多層次直銷或高頻交易這類投資。不要把你的錢當賭注，浪費在可疑的交易上——即使它來自於頗具信譽的銀行。這些銀行會用複雜的商品來合理化高額的管理費，而羊毛出在羊身上，那些費用當然得由你來支付。美國作家沃爾特·古特曼（Walter Gutman）這句話說得很對——「你只要致富一次就夠了。」（You only have to get rich once.）

第三，如果你看不懂財務報表，那就不要購買單一股票。這種情況下，最好把錢投資在一種涵蓋很廣且管理費極低的指數基金上。指數基金能讓你免於做出愚蠢的決定，而且它所提供的獲利，還高於百分之八十的金融專業人士所能達到的水準。

最後，與「快速致富」異曲同工的心智陷阱是「快速變聰明」。時下有數不清的應用程式、課程和書籍，聲稱能在最短時間內讓你變成專家，通常還有著《三個步驟成為完美母親》或《成為科技獨角獸的黃金之路》這類典型的標題。然而，一個不用說也知道的事實是：沒有人能在一夜之間精通某種技能，或登上某一行業的巔峰。就像能在一夜之間成為百萬富翁的人那樣，根本少之又少。

結論：對所有標榜「快速致富」、「快速變聰明」、「快速變健康」、「快速成名」或「快速成功」……之類的東西，都敬而遠之吧。你唯一真正應該「快速」的事，就是認清這種騙局。

# 36 讓思緒陷入無限迴圈

「你的看法並沒有很受歡迎。」、「我們再來談談你在這個方案裡負責的部分吧。」、「我不確定這是不是我們需要的。」砰！現在該怎麼辦？面對批評或質疑的人，很容易一下就陷入苦思——大腦會進入一種無限迴圈的模式：我說錯話了嗎？他這樣說真的只有字面上的含意，還是話中有話在暗示什麼？我行為舉止不當嗎？我真的有表現得那麼蠢嗎？我哪裡做錯了？我的老闆、我的伴侶、我的房東……真的對我有什麼不滿嗎？我完蛋了嗎？我還有機會嗎？

如果你非得把自己的生活變成思想地獄不可，就把那些讓你製造出一堆微不足道的內心旁白的情境在腦海裡不斷反覆播放，而且不止一次，是千次百次，連續好幾週、好幾個月。然後你遲早會發現，自己正置身恐懼和自我懷疑的漩渦中。很快地，你會無法專注在任何其他事情上。即使是在理髮、採購，或在煮飯、刷牙，你的腦袋裡還是會不斷喀噠喀噠地播放陳年舊事裡的某個想法或某個畫面。你在記憶的箱子裡愈挖愈深，硬是扯出那些早已事過境遷的衝突、爭論和對話。十年前到底是怎麼一回事？那個人當時到底說了什麼？那時候她真的喜歡我嗎，還是只有我在自作多情？這些問題的答案你永遠都找不到——你找到的，只是那條通往無盡痛苦的道路。

## 理智的輕聲細語

西元一七七四年，歌德在他那本後來風靡全世界的暢銷書《少年維特的煩惱》中，一開頭就這樣寫：「人生的痛苦應該會少一些，如果我們不那麼孜孜不倦地忙著用想像力去回憶過去的不幸。」這本了不起的小說，描繪了過度鑽牛角尖式思維的危險。這種無限迴圈的思維方式讓維特走向絕路，而這也正是當你——親愛的讀者——陷入停不下來的思緒漩渦時，所面對的危險。對此我有三點看法。

首先，一旦發現自己陷入鑽牛角尖的漩渦，請立刻把自己拉出來。思緒就像河流，河道裡的水愈多，對地形的侵蝕切割就愈深，集水區的範圍也就愈大，而這又會讓滙集到河道裡的水量隨之增加——一種反覆自我增強的過程。而人愈是反覆想著同樣的事，思考的過程就挖得愈深，於是也愈會自動重覆。這是所有學習和復習的基礎，可惜這個原理，也完全適用於你在不想要的思緒中鑽牛角尖。那我們該如何從這漩渦中掙脫而出？並不是乾脆忽略那些令人不快的念頭就好——這種方法很少奏效——而是應該認真看待它們。你確實很可能做錯了某些事，那就仔細把整個情況從頭到尾好好爬梳一次——注意這裡的重點

是「一次」。不是十次、一百次或一千次，而是一次！然後寫下可以從中學到的教訓，這樣你就完成了自己該做的事情。寫下來的動作，能讓你得到一種認可去忘記這個情境。雖然你知道一切都還在——儘管不在腦子裡，而是在紙上（或電腦裡）；但你的大腦現在會因為少一個不愉快的念頭，而更輕鬆一些。

其次，如果即使寫下來，還是無法讓你從那樣的思緒中掙脫，那就允許自己每週用一小時的時間來長思。比較理想的時段是上午，絕不要在晚上。把這個時間記在你的行事曆上，讓你所有的憂慮和晦暗的念頭都傾瀉而出，盡情咀嚼與琢磨。然後，你會發現在這個過程中，除了那些已經被寫在你筆記本裡的內容，自己根本沒有得到任何新的認識。六十分鐘之後你就會相信，早知道就用這段時間來聽音樂或看一部犯罪影集。

最後，有一種鑽牛角尖的思維方式，雖然不至於讓你陷入抑鬱，但本身卻極為愚蠢：那就是把打算做的事放在腦袋中無限迴圈。例如，你希望成為一名作家（雖然我不見得會這樣建議），且年復一年總端著這個念頭；但十年過去了，你還是什麼都沒做。有關計劃這件事，你要不就付諸行動，要不就具體定出時間表，要不就乾脆放棄。所有其他都是浪費心思、無濟於事，只會讓你走入困境。結論：你思想的（以及人際關係的）品質決定了你生活的品質。

# 37 拿自己的名聲換取金錢

用名聲來換取金錢，是通往悲慘人生的諸多路徑之一。依社會地位而定，你在這方面的運作空間可大可小。身為警察，你或許可以就此賺到幾瓶香檳，只要你偶爾不扣押超速飆車客的駕照，而是給他一張私人名片。如果是醫生，或許就會有製藥公司邀請你到加勒比海參加「會議」，而且機票、飯店和專家酬金全包——只要你固定開給病人一些不特別有效，或甚至根本完全不必要的藥。作為公司執行長，你就在自己公司的股票上進行內線交易（或在投資上「正確」提點一下老婆）。如果你想要不幸的人生，就當然值得跨越法律界線去做那些勾當。另一邊的草總是特別鮮嫩多汁，土地也總是格外豐饒。

## 理智的輕聲細語

一九四八年出生於印度的拉傑特．古普塔（Rajat Gupta），曾經是國際間最具聲譽的企業經理人之一。在一九七三到二〇〇三年間，他從一名普通的企業顧問，晉升為麥肯錫

（McKinsey）管理諮詢公司的高階主管。在這段讓他賺取數百萬美元、極其飛黃騰達的時期後，他進入了高盛、寶潔（Procter & Gamble）和美國航空等績優股公司的監理會任職。然而，在此同時，他也是某個避險基金的合夥人，而這個基金的交易對象正是那些公司的股票。古普塔將內部機密消息透露給該避險基金，並因此為它帶來可觀的獲利。二〇一二年，古普塔因證券詐欺在紐約被判刑。涉入內線交易不僅讓他獲判兩年監禁加罰款五百萬美元，更糟的是，這整件事讓他名聲全毀，職業生涯也告終結。

這樣的故事其實一把抓。而我們可以從中學到什麼？以下是我的四點看法。

首先，永遠不要為了錢，賭上自己的名譽。這永遠是最蠢的行為，尤其是如果你已經像古普塔那樣家財萬貫且聲譽卓著，這樣做更是愚不可及。這種交換賭注有個特徵：它只能朝一個方向進行。也就是說，你可以把自己的聲譽換成金錢，但無法用金錢換回聲譽。對此巴菲特曾說過：「把自己擁有且需要的東西拿去冒險，只為了得到那些你其實並不需要的東西，是最糊塗的事。」聲譽是遠比金錢還要稀罕的資源。巴菲特，這位建立了歷史上最成功公司集團的人，偶爾會給他公司旗下的執行長寫些簡短的信。例如他在二〇一〇年時就曾寫道：「我們承擔得起金錢的損失，甚至再大筆也不怕。但我們承擔不起失去聲譽，即使一絲一毫都不行。」聲譽不是一種可以交易的商品。

其次，有時候你可能是坐在一個擁有某些權力的位置上，例如身為Aldi、Lidl或Migros這些大型連鎖超市的採購員。這個位置讓你掌握著數億歐元的預算，也因此間接掌

握著你商談夥伴的薪資和職涯，可是你自己在此同時，卻只是個領著微薄薪水的小員工。這種情況下，把訂單下給那些願意提供「回扣」的供應商，對你構成了一種巨大的誘惑。然而，不管你有多麼需要這筆錢，都請千萬拒絕這種誘惑！因為這會危及你的工作和社會地位，置它們於毀滅邊緣，而你也會讓自己變成是個有把柄、可以被要脅的人。我剛進入職場的那幾年，曾經在免稅部門工作（當時是瑞士航空集團的一部分）。而在澳洲和香港，我都親身經歷過供應商試圖賄賂我，以便能跟瑞士人做上生意。那些提議極端誘人，我經常在千鈞一髮間，幾乎就要被幾萬美元成功賄賂——當時我還年輕，完全不缺用途來花這些錢。現在回想過去，我很慶幸自己從未聽從內心那隻小惡魔的慫恿（「來吧，這是你應得的！」），而是遵從那個老老實實小天使的勸告。巴菲特建議，每當你有所動搖時，就讓自己進行一下「報紙測試」：想像一下，一家全國性的報紙會把你做的好事，當作頭條新聞來報導——接下來你還能好好過日子嗎？如果不能，那就絕不要去碰這種事。

再者，合法與非法之間的灰色地帶往往很寬廣。對此巴菲特曾經以網球比賽來比喻：「你在球場中可以賺的錢其實就夠多了。所以如果你對某個行為是否『壓線』有疑問，你就乾脆假設這是『界外球』，然後拒絕它，別在意。」

最後，在有些行業和職業裡遊走灰色地帶是一種常態。於是，你在某些情況下可能會被暗示：如果沒有這樣做的準備，就根本不必開始。然而，「常態」可不代表明智。如果事情真是這樣，換個行業吧，不必猶豫。

# 38 迴避一切的困難與挑戰

如果你想在面對不幸與痛苦時完全不堪一擊，我建議你：盡可能小心翼翼地過一生吧。你得盡早除去每個壓力來源——不管它多麼微不足道——遠遠避開所有可能的障礙，然後悠遊在全然的舒適中。你得讓自己在那個玻璃溫室裡待得夠久，這樣哪天當你走到外面的世界時，才能保證風一颳就應聲倒地。

## 理智的輕聲細語

黃仁勳是這幾年最成功的企業家之一。他是美國半導體公司輝達（NVIDIA）的創辦人兼執行長，也是美國夢——甚至是升級版的美國夢——的化身：一個來自臺灣的移民，變成了億萬富翁。二〇二四年三月，他在一場與史丹福大學學生的對話中，說了一些有點不尋常的話：「我的優點之一，是對生活的期望很低。期望很高的人，韌性經常也很差——可惜韌性對成功非常重要。我不知道該怎樣讓你們明白這點，除了這樣說：我希望你們會遭遇到痛苦和磨難！偉大並非來自聰明絕頂的腦袋，而是來自品格。而品格的塑造，則是透過痛苦和磨難。因此如果我可以為史丹福的學生許一個願望，那會是巨大的痛苦與磨難。」這番話在觀眾席中，引起一陣騷動低語。巨大的痛苦和磨難？這可不是這些學子在選擇進入史丹福時——全球最頂尖耀眼的大學之一——會期待的事。

全球品牌星巴克的傳奇領導人物霍華．舒茲（Howard Schultz），在紐約布魯克林區一個集合式住宅的貧困家庭中長大。父親是卡車司機和退伍軍人，只能仰賴低薪工作勉強維持生計，而在他遭遇工傷之後，整個家庭也陷入了經濟困境。因此，舒茲等於經歷了一個所謂的「困難的少年時代」——然而，正是這樣的經歷，給了他不惜一切代價逃離貧困的動力。

J．K．羅琳曾經是一個仰賴社會福利維生的單親媽媽。其實她也可以選擇安於一份較傳統也較有保障的工作，以確保家庭經濟穩定；然而，正因為她選擇了寫作，史上最成功的文學系列小說之一《哈利波特》才得以誕生。

類似的例子不勝枚舉。這些人努力克服了困難，不是「儘管」，而是「正因為」經歷過這些磨難與困境，最終才取得偉大的成就。

想當然爾，你也會看到來自富裕家庭、備受呵護，且從未經歷過什麼困難的成功人士。不過這種情況比較常見於受聘任的執行長，而非企業家身上。我認識許多來自富裕家庭的孩子，幾乎從未吃過什麼苦，而且目前正就讀世界最頂尖學府。黃仁勳在史丹福大學

演講中所指的，正是這些人。這種備受呵護的生活很危險，因為他們從未學習過在世界突然且劇烈改變時，該如何起身奮戰。

其實黃仁勳的見解與斯多葛學派的觀點不謀而合。斯多葛學派是一種哲學思想，它源自古希臘，之後則在羅馬進一步發展。斯多葛學派的哲學家深信，一個人真正的性格只有在遭遇危難時才能趨向成熟。而我最喜愛的哲學家愛比克泰德，本身便有過這樣一段無比艱困的人生歷程。他生來就具有奴隸身分，因此得名「愛比克泰德」——「買來的、取得的」之意。有一天主人打斷了他的腿（原因不詳），而他也因此終身跛行。愛比克泰德在尼祿皇帝死後才獲得自由，並創立自己的學派；比起其他思想流派，這個學派在面對命運多舛的人生路時，更具智慧光芒。

就像士兵為了接受身心挑戰而做準備那樣，你也可以利用生活中的挑戰，來磨練自己的性格。失敗乃兵家常事，能在困境中堅持下來的人，未來面對困難或挑戰時會更能冷靜應對，不輕易失控，也會更明白該如何自處。這就是由「痛苦和磨難」製成的韌性增強劑，它效果非凡——至少如果痛苦是暫時的。

因此，親愛的讀者，我祝你有幸被打上一劑時效短、溫和但能滋養你性格的「磨難」。像奉行斯多葛主義的人那樣，不要等待命運出拳，而是要不時到你的舒適圈外接受挑戰。偶爾禁食幾天，或直接睡在硬邦邦的地板上。你得為更糟的情況做準備——因為它遲早會來。

# 39 盡情發洩你的情緒

你滿肚子火怒氣沖沖嗎？表現出來吧！有時你就是該讓自己徹底發洩一下。把拳頭重重捶在桌面，玻璃杯狠狠摔向牆壁；走在路上，隨便推撞一下哪個擦身而過的人——或者這樣更好：去一個工地邊，拆掉那些圍板，抄把大錘子，砸爛周遭一切……直到你完全筋疲力盡，更重要的是，直到你洩盡所有怒氣才平息下來。至少在這一刻。

也許你根本不是生氣，而是悲傷？那就躲進地下室，把臉埋在雙手中，讓自己連續幾天哭個痛快吧。你還可以同時為自己無限循環地播放貝多芬的《月光奏鳴曲》或比比金（B.B.King）的《激情已逝》(*The Thrill is Gone*)當配樂，等到你再也擠不出一滴眼淚時，再爬回陽光下。

不管你感覺很糟的原因是什麼，如果你想過著真正悲慘的人生，我大致可以這樣建議你，好好歡慶你的負面情緒吧！無論是憤怒、悲傷、嫉妒、恐懼、絕望、內疚或憤慨：都盡情發揮吧，是的，你得充分享受它們——愈久愈好。不要把每次的情緒爆發都當作一時衝動，而要與它融為一體——變成那個情緒的化身！為你情緒的力量感到驕傲！這會讓你成為一個「偉大的靈魂」。即使面對重要的決定——譬如選擇伴侶、事業或投資——也要讓你的感覺自由發揮。沒有什麼能像你內心深處那道歐斯底里的聲音，讓你如此目標明確地走向不幸。

## 理智的輕聲細語

情緒管理向來是件棘手的事。古希臘時代的哲學家早就認識到：人之所以不同於動物，乃在於擁有理性；而情緒是動物性的，因此它必須聽命於理性。想做到這點，可以透過鍛鍊意志力、轉移注意力，或藉助今天所謂的認知行為療法（CBT）——通過邏輯論點來化解情緒。斯多葛學派的哲學家認識到，憤怒並不是來自事物本身，而是來自我們如何解讀情境。舉例來說，如果有人行為惡劣，一個斯多葛主義者的並不會為此感到憤怒，而會把它視為一個鍛鍊自己耐心與理解的機會。他會想著對方這樣做可能出於無知，總之，是一個值得同情的可憐蟲。而這正是羅馬皇帝、同時也是哲學家的馬可．奧里略（Marcus Aurelius），在他的《沉思錄》一書中所描述的。假若我們能把自己對情境的解讀掌控到這種程度，也就能夠掌控自己的憤怒。

基督教接收了許多古希臘人的生活規範，保持情緒得到控制依舊是目標。至於在憤怒管理這方面則多了一個新口號：請原諒我們的過錯，就像我們也得饒人處且饒人那樣。

這個強大的控制系統一直到浪漫主義時期才宣告瓦解。大約自一百年前開始——至少在西方是如此——忠於自己的情緒，成為了一種常態。人們表現出情緒、活得有情緒、驕傲地宣示情緒，還隨時隨地在講述自己的情緒——有時候甚至在心理治療師的沙發上講了好幾年。今天我們把情緒比喻成一種壓力鍋，你讓它的鍋蓋密封得愈久，它爆炸的機率也就愈高。所以：有機會就讓你的排氣閥鳴笛噴氣一下吧！

然而，有新研究顯示，自我放縱和發洩情緒其實並沒有用。美國學者蘇菲．謝爾維克（Sophie L. Kjaervik）和布萊德．布希曼（Brad J. Bushman）檢視並總結了一百五十四個相關研究，而他們的結論再清楚不過：為發洩情緒而去劈柴、跑步、打拳……或甚至把盤子摔向牆壁，只會繼續加劇負面情緒反應，而且不管是任何年齡層的男性或女性，情況都一樣。相對有效的，則是某些能讓人冷靜下來的技巧——其實也就是認知行為療法。古希臘人早已知道的道理，在此得到了證實。

我建議你：把自己的負面情緒看作天氣吧。烏雲來來去去，而且就像你沒辦法「關掉」天氣那樣，你也沒辦法關掉自己的情緒。因此不用對它太認真，也絕不要對它有所認同。要認識到情緒是短暫的，它並不足以構成「你是誰」，它甚至不算屬於你。但如果你仍然對情緒很感興趣呢？那就請多關心別人的情緒，而不是自己的情緒。

# 40 試圖結束自己的生命

馬庫斯下定決心，要結束自己可悲的人生。活著對他來說，只是無盡的痛苦和絕望，而他看不到任何出路。於是在某個完全絕望的時刻，他從一棟高樓上一躍而下。然而，他沒有得到自己想要的解脫，而是從墜樓中倖存了下來。他帶著內傷和嚴重受損的脊髓在加護病房中醒來，感受到難以形容的疼痛。醫生說，他將不得不在輪椅上度過餘生。沒有任何藥物能舒緩他的疼痛，而總是得依賴他人，讓他變得更加絕望。他不僅失去了行動能力，也失去了自尊；每天都是一種折磨，塞滿無止境的治療課程。因為對他所承受的痛苦無能為力，家人和朋友也開始逐漸疏遠他。比起馬庫斯過去所認為的無法忍受的痛苦人生，他現在所處的狀態，其實更遠遠不堪。

## 理智的輕聲細語

有誰不知道這種感覺呢？有時候，你會希望自己乾脆從生命中消失。太多的不幸、痛苦和悲慘讓人再也無法承受，於是結束自己的生命，似乎變成此時唯一的出路。幾年前，我的一個朋友就做了這樣的選擇。他是一家大型企業的執行長，正值壯年，成功、聰明、喜歡運動、長相英俊，備受同事愛戴，但卻在一場外遇引發的負罪感下，深陷灰暗陰鬱的精神低谷，動彈不得。在絕望中看不見出路的他，最終選擇了懸樑自盡。對幾百個認識他、看重他且珍愛他的人來說，這是何等巨大的損失。我相信如果他能再堅持幾星期，這場精神風暴將會消散，他終究會脫離那個痛苦深淵，並至少再多活個（可能很美好的）四十年。然而，這就是自殺得遂的詛咒：這件事沒有倒帶鍵，你只能自殺一次。

所以當這樣的念頭開始在你心中隱隱作祟時，請千萬謹記：我們人類在「進行預測」這方面的能力很差。對於預測未來的感受，更完全不擅長。因此如果你認為自己未來的人生，就只剩痛苦不堪的掙扎，那你真的是錯估了。哈佛大學的心理學教授丹·吉爾伯特（Dan Gilbert），對此提到了「情感預測」（Affective Forecasting）。舉個例子：你現在心情極度沮喪絕望，並堅信自己永遠都無法再快樂起來。然而，這種感覺只是你大腦的一種誇大反應。我們往往會高估自己某種情緒日後的強度和持久度，但多數情況顯示，只不過幾個月後，這個世界就會看起來又變好了。除此之外，你的個性其實也不斷在隨時間改變，儘管速度可能非常緩慢。這代表十年、二十年或三十年後的你，將會是另一個人：你優先考慮的事情會有所不同，你會有不同的想法和不同的感受，你也會用不同的方式來看待世界。因此，你無權處死未來的自己——就像你無權奪走你兄弟或姐妹的生命。假若你在四

十歲時結束自己的生命，那你等於也處死了未來的自己——那個五十歲、六十歲或七十歲時的你。

而且你也該考慮到自殺的後果，可能會讓人多麼痛不欲生——因為有三分之二的自殺，是以失敗收場。這意謂著人是撿回了一條命，但身體或大腦遭受嚴重損傷。你覺得現在的處境有如地獄嗎？或許是。但你的人生還附帶逆轉的機會，也就是一種一切都會否極泰來的可能性。也許目前你看不到那一面，但它確實存在；然而，自殺——無論結果是成功或失敗——會徹底抹除這個逆轉的機會。你想以此對某人證明些什麼嗎？想報復某人？讓某人內疚嗎？還是你想樹立某種「榜樣」？不，請不要為了如此廉價的交易，而放棄自己的生命。你對這些而言，太珍貴了。千萬別這樣做。寧可去吞一陣子的抗憂鬱藥，這會有效的。

結論：只有在生命已走到盡頭且沒有好轉的希望時，自殺的行為才能得到法律許可。在這種情況下，你的行動無論如何都得經過審慎周全的考量。它絕對不該是一時衝動下的決定，且最好向臨終關懷或安樂死組織（在瑞士叫解脫組織〔EXIT〕）尋求專業支持。千萬不要嘗試自己做——請想想自己的行為，對其他人可能造成的傷害。想想你的家人、朋友，以及那些對你具有某種意義的人。還有，也不要當一個自私的渾蛋去臥軌，省下你會帶給火車駕駛心理創傷的罪孽。

# 41 跟錯誤的人結婚，然後當一輩子怨偶

我們從許多研究中得知：最幸福快樂的是那些婚姻美滿的人，其次是單身者，最糟的則是婚姻關係惡劣的人。因此，如果你想要悲慘的人生，我的建議是：跟錯誤的人結婚——還有絕對不輕言分手！

## 理智的輕聲細語

人的一生當中，沒有任何決定會比選擇伴侶更重要。選對了另一半，即使你幾乎搞砸其他一切——你的事業、住所、健康或你的財務——但日子依舊過得不錯，或至少可以忍受。然而，選錯了人，不管你在所有領域都多麼順風順水，你的生活還是會有如置身地獄。我們在前面（參見〈不幸福婚姻的祕密〉一章）曾經討論過毀掉婚姻的祕訣，而這裡要說的重點，則是你究竟該怎樣先找到「完美先生」或「完美太太」。以下是我的幾點看法。

首先，**劇透警告**：這件事沒有萬能的演算法。如果有一份可靠的條件核對清單，讓人從一開始約會就輕鬆勾選，那當今社會的離婚率應該會低很多。可惜並沒有。事實上這幾乎是個無解的難題，運氣在當中扮演很重要的角色。我認識幾位稱得上全球最傑出的企業執行長，在處理人際關係上簡直是天才，但卻得為自己的離婚官司，不時去法官面前報到。唯一根據經驗證實能提高未來婚姻美滿機率的要素，是個性、價值觀和人生目標的相似性。換言之，那個要跟你共結連理的人，應該有著和你相似的思維方式和追求的目標。那「個性互補而相吸」這條廣受歡迎的規則呢？根本完全錯誤。個性互補就是炸藥。想克服兩性間不斷出現的隔閡本來就已經很難，如果對怎樣解決其他問題或障礙都還意見相左，那就──祝你好運吧！

第二，你認為你可以把伴侶塑造成自己理想中的樣子嗎？放棄這個念頭吧。那是行不通的（參見〈試圖改變別人〉一章）。

第三，不要跟你遇上的第一個勉強過得去的人結婚。即使在愛情裡，你也可以從數學學到一點東西──我們知道所謂的「祕書問題」：你想聘請一位祕書（喔抱歉，應該說「助理」[1]），並收到了一百封應徵信。每位應徵者你都只能面試一次，而且你必須立刻

1　譯注：德文中Sekretärin（祕書）一字本身即指女性祕書，在講究兩性平權的今日，使用較中性的「助理」較政治正確。

決定是否錄取。你該怎麼做呢？這題的最佳解法是：先面試前三十七位應徵者，並堅決拒絕所有人。然後聘用接下來發現的第一位勝過前面三十七位中最優者的那個人。這對尋找人生伴侶的意義是：只有當你有過許多約會、經歷過許多關係，並且對「市場」上現有候選人的品質有所了解後，才應該考慮承諾。只抽樣兩、三次是不夠的。

第四，永遠都不要為錢結婚。億萬富翁巴菲特說過：「不管在任何情況下，這麼做都可能是個餿主意；但如果你已經很富有，那你絕對是瘋了。」一個人在其他方面擁有的優點愈少，他／她的錢就顯得愈耀眼。這種現象在心理學上被稱為「光環效應」——千萬不要被這種效應迷惑了。

第五，要怎麼找到優質的人生伴侶呢？答案：你得靠自己去爭取。你必須讓自己成為婚姻市場上一個具有吸引力的選擇，否則很少有人會對你感興趣。好的對象肯定不盲也不傻，所以請先努力提升自己吧。

最後一點，如果已經傾全力避免犯錯（沒有外遇、不加班、完美的垃圾分類），彼此也都非常努力，但關係依舊維持得很辛苦，那就分道揚鑣吧。只為了堅持某種原則，而把兩人的餘生都綁在一起，總是在爭吵辱罵、互相貶低、把盤子砸向牆壁或鬧彆扭悶悶不樂，並沒有太大的意義。承認這段關係再怎麼努力都走不下去吧——但不要為此折磨自己。前面說過，成為單身者，你至少還屬於快樂的乙級聯盟——而且還有晉升為甲級聯盟的機會。

# 42 當個愛記恨的人

你想要一個充滿痛苦折磨的人生嗎？那就盡情擁抱怨恨不滿和抑鬱寡歡吧。想親手搞砸自己的人生，沒有比這更好的藥方。比方說，肯定有人在背後說過你的壞話；你的父母親並不完全公平——相較於兄弟姐妹，你被差別待遇；你的競爭對手在你職場晉升的路上，設計絆你一腳；你很痛苦地經歷了一次失敗的婚姻；你跟朋友翻臉，與家人決裂……。仔細回想自己的人生，讓你有充分理由心生怨恨的傢伙，肯定有一卡車那麼多。所以你得日復一日地沉溺在自憐中，不僅要把那些憤恨不滿揣在心裡，還要小心照顧，持續培養；而你的人生，也將因此變得更加不堪。人生在世，沒有什麼比心懷怨恨，更能迅速摧毀一個人。

## 理智的輕聲細語

所有複雜的情緒都可以在人類的進化史上找到根源，包括憤怒和怨恨。我們那些在遠古從事狩獵與採集的先人，普遍生活在大小約五十人的小群體中，每個人對彼此都瞭若指掌。在這樣的群體中，憤怒的情緒是隱藏不了的。所有共同生活在一個洞穴裡的人都會立刻意識到：這裡有人違反了社會契約。然而，這種信號作用，在今天的匿名社會中幾乎消失了，但未消的餘怒——也就是暗地悶燒著的怨恨——卻也因此延續愈久，有時甚至長達數年。

我的建議：把這種情緒從你的情緒目錄中刪除吧。聽起來很難嗎？但這確實是做得到的。納爾遜·曼德拉就證明了這一點：在被採行南非種族隔離制度的政權囚禁二十七年後，他出獄了——沒有心懷怨恨或決意復仇，最終更成為南非的首位黑人總統。

不僅在世界政治舞台上，生活中當然也總有足夠的理由讓人鬱結不滿。美國著名投資家蒙格，在一九七八年進行了一次眼科手術。但由於醫生採用的方法太過時，手術徹底失敗了。蒙格的視力不僅沒有好轉，其中一眼還甚至得裝上玻璃假眼。「這一切都發生在二十五年前，」蒙格告訴幫他撰寫傳記的作家：「當時其實已經有更新且更好的手術方法，但我根本沒注意到——我就是相信了那位推薦這種老式手術的醫生，而他只知道這種方法。我不會說出他的名字，他是個很好的人。是**我自己**造成了這個錯誤，我是咎由自取。」這是怎麼一回事？這裡有個人因為醫生把事情搞砸而一眼失明，但他卻毫不怨恨？確實沒有，因為蒙格恪守他那條鋼鐵般的法則：「每當你認為是某個人或某種不公不義毀掉了你的人生時，記住：毀掉它的，其實是你自己。」

如果這些例子，還不足以讓你摒棄過去一切的怨恨不滿，或許這種哲學思維可以助你一臂之力：斯多葛學派的哲學家把世間諸事區分為可改變的和無法改變的，對無法改變的事物感到憤怒是徒勞且愚蠢的。而所有發生在過去的一切，正是這類你所無法改變的事物。

喬治．麥高文（George McGovern）在一九七二年的美國總統選戰中慘敗給尼克森後，嚴厲指責了批評他競選活動的《華盛頓郵報》記者。然而，三個月後，他寫信給報紙的發行人：「我為這次的爆氣衝動感到遺憾，也發現我最多只能懷恨三個月。我只想藉著這封信說，所有跟選戰有關的煩惱我都已拋諸腦後。要記住我得迴避哪些人，實在太難了。」

也許這個建議，會讓你想到聖經裡所主張的寬恕的力量。不過寬恕這招，其實至少對心懷怨恨會耗掉你大量腦力，所以如果你沒辦法把它完全關掉，就幫它設定一個期限吧。我無效——比較有用的，卻是最簡單的遺忘。這是我家的一個小訣竅：每年十二月三十一日這天，我和妻子會把一些名字寫在紙條上——那些我們完全有充分理由對他生氣的人——然後很隆重地把它燒掉。隨之灰飛煙滅的，還有一切的不愉快——不過只有當我們至少也同時說出一件自己幹過的「好事」，承認某些事也因為自己而被搞砸過時，這是對蒙格鐵則的一個小小借鏡。

# 43 獻身某種意識形態

加入某個教派，參與某種狂熱崇拜，全心全意地投入一種意識形態吧。你終於找到某種可以解釋一切——善、惡、戰爭、欲望、出生和死亡——的世界觀，在經歷你人生至今所有的那些磨難之後，命運終於對你釋出善意：你成為了少數真正理解人生奧妙的人。你是天選之人，你得到了啟蒙！你可以高高在上地俯瞰那些無知、可憐的普通人，他們尚未見識到——或許也永遠無法見識到——真理的光芒。為了表示你隸屬腦袋清醒、目光清明之一族，為自己添置一些衣物、配件吧——那可以是頭巾、法衣、猶太小帽，也可以是毛澤東夾克、彩虹T恤、黃背心或回收卡車帆布做成的環保袋。

假若你還沒辦法完全理解你的那位領袖或師父宣講的內容——如「三位一體」、「輪迴」或「無階級社會」——不用擔心。你只需要參加更多研討會、工作坊或靜修這類洗腦活動；要不就把你所有的積蓄，尤其是你一生的時間，都奉獻給這個新社團吧！能成為領導成員甚至更好！這樣你就可以不斷複誦這些教規，而且你鼓吹得愈頻繁，就能愈永久地把這些教規刻進大腦。很快地，你會把自己的大腦變成一坨屎，而你的人生，則變成無限悲涼。

## 理智的輕聲細語

意識形態——也包含宗教——是一整套觀點的集合，並非以單一、獨立的陳述方式來呈現。它是一種複雜的思想體系，能留存下來並非因為它是真理，只因為它能有效自我複製。

意識形態經常表現出它比科學更具解釋力。然而，事實上它卻大部分是虛構的，只是你沒辦法透過實證方法來駁斥。例如，你要如何反駁「來世」的存在，或我們都是某種「受害者」這樣的說法？根本不可能！某次，我對一位月亮教派的信徒提到他們的信仰觀點完全脫離現實時，她回答說：「這正是現實與信仰的區別。現實可以驗證，而信仰，你就是必須相信，否則我們不會稱它為信仰。」這是一種典型的循環論證，既荒謬又無法反駁。

因此，意識形態其實很像病毒。如果有人感染了，且未曾明智地接種過疫苗，病情就幾乎很難再被控制。套句哲學家丹尼爾・丹內特（Daniel Dennett）的話：「你根本找不到一種不粗暴殘忍的方式來告訴人，他把自己的生命都奉獻給一種幻想了。」

不過，並非每一種幻想都是壞事——有些對人類的和諧共處，甚至還非常重要。例如

「金錢」就是一種虛構的東西，只有當所有人都相信它，它才能發揮作用。然而，在我們揭露銀行數據中心裡那些1與0的本質的那一刻，金錢是毫無價值的。「財產」也是如此：自然界裡並沒有這樣的東西。另外像「公司」、「國家」或「全球秩序」，也都是完全抽象的概念。「人權」也是如此：每個人真的擁有相同的「價值」嗎？人的「尊嚴」又是什麼？在哪裡能找到它？希特勒是否真的擁有跟我的朋友——他在布吉納法索創辦了一所大學——同樣的尊嚴？少來了！而且即使我們相信「人的尊嚴」，它究竟是什麼時候形成的？是出生時？受孕時？還是這兩者間的某個時刻？儘管如此，「人的尊嚴」還是一個有用的虛構概念，值得我們保留。

所以許多我們相信的事物，其實都是虛構但仍然有用的。那為什麼不加入一個異端或狂熱教派，如果這樣做能讓人更快樂？盲目的信仰，說不定對應付日常生活還特別有用。

為了區分有用與無用的想像，我的建議：把所有的意識形態、宗教和虛構概念，在思維中分別浸入兩個「強酸浴池」——一個是理性的，另一個是諷刺的——進行檢驗。然後問問自己：在這些意識形態裡，人可以說出真相嗎？能開玩笑嗎？它經得起幽默和譏諷嗎？如果不能，對它敬而遠之吧！至於那些剩下的思想產物，你可以自行決定要接受與拒絕哪些。也許這樣一來，你再也不可能百分之百地相信上帝、人權或共產主義，即使你全心全意想這樣做。這就是「啟蒙」最迷人的地方：你還是能公開坦然地接受那些有用的幻想，即使已經知道它的虛構性。

# 44 試圖改變別人

如果你想把自己的人生，浪費在某種完全希望渺茫的行動上，這是給你的建議：試著去改變一個人吧。跟某個一看就知道是問題人物的傢伙結婚——去拯救他／她！然後把孩子養成自己的忠實翻版：不管是興趣、優點或個性，都一模一樣。你當然也可以在職場上施展你的魔法：把那些性格謹慎、可以安安靜靜地把事情做得非常出色的人，轉變為熱愛冒險的強硬角色，再把你的會計送去做銷售，把圖像設計師送去做IT開發。薛西弗斯肯定會把你這樣的人，迎進他的粉絲俱樂部。

## 理智的輕聲細語

人可以改變性格嗎——不管是自己的還是別人的？對此世界文學——也就是人類幾百年來的經驗寶庫——怎麼說呢？答案毫無疑問：完全不可能！以下舉出兩個超級簡化版的例子：在托爾斯泰的名著《安娜·卡列尼娜》中，女主角試圖改變自己的個性以符合上層社會應有的規範，結果徒勞無功，終究跳軌自殺。在歌德《少年維特的煩惱》中，年輕的主人翁很快就意識到，以他多愁善感的個性，根本無法贏得心上人洛特的青睞。他試過所有的方法：搬家、投入藝術創作、在大自然裡尋求自我救贖——聽起來非常浪漫——但一切皆是枉然。最後，維特舉槍結束了自己的生命。

不過科學上對此又有何看法呢？專家認為，人的性格可以分為五大面向，從相當穩定且獨立——即所謂的「五大性格」——到它們所對應的反向極端：一、開放（對新經歷而言）vs. 封閉。二、認真負責 vs. 草率粗心。三、外向 vs. 內向。四、合群合作 vs. 獨來獨往。五、情緒穩定 vs. 神經質。那麼，人有辦法在這五種面向的連續尺標上改變自己的位置嗎？其實可以，只是會非常緩慢，而且得付出巨大心力。例如身為內向型的人，可以下定決心讓自己變外向一點，方法：在行為上「真的表現得更外向」。你或許可以辦一個小派對——即使那跟要你登上聖母峰一樣難——因為這裡適用的座右銘是：「弄假直到成真！」（"Fake it till you make it"）。以專業術語來說，就是行為治療法。一切進展都會極其緩慢且充滿挫折，但並非不可能。

只是如果對象是別人，那就另當別論了。因為你是改變不了他人性格的，外來的動機、激勵或壓力，都不會有任何作用。所以請記住：永遠都不要讓自己陷入那種你必須改變他人的境地——因為你注定贏不了。但假若這種情況已經存在，與其試圖改變一個跟你處不來的人，換個人來相處——或乾脆把自己換掉，脫離這種情境——還要有效率得多。

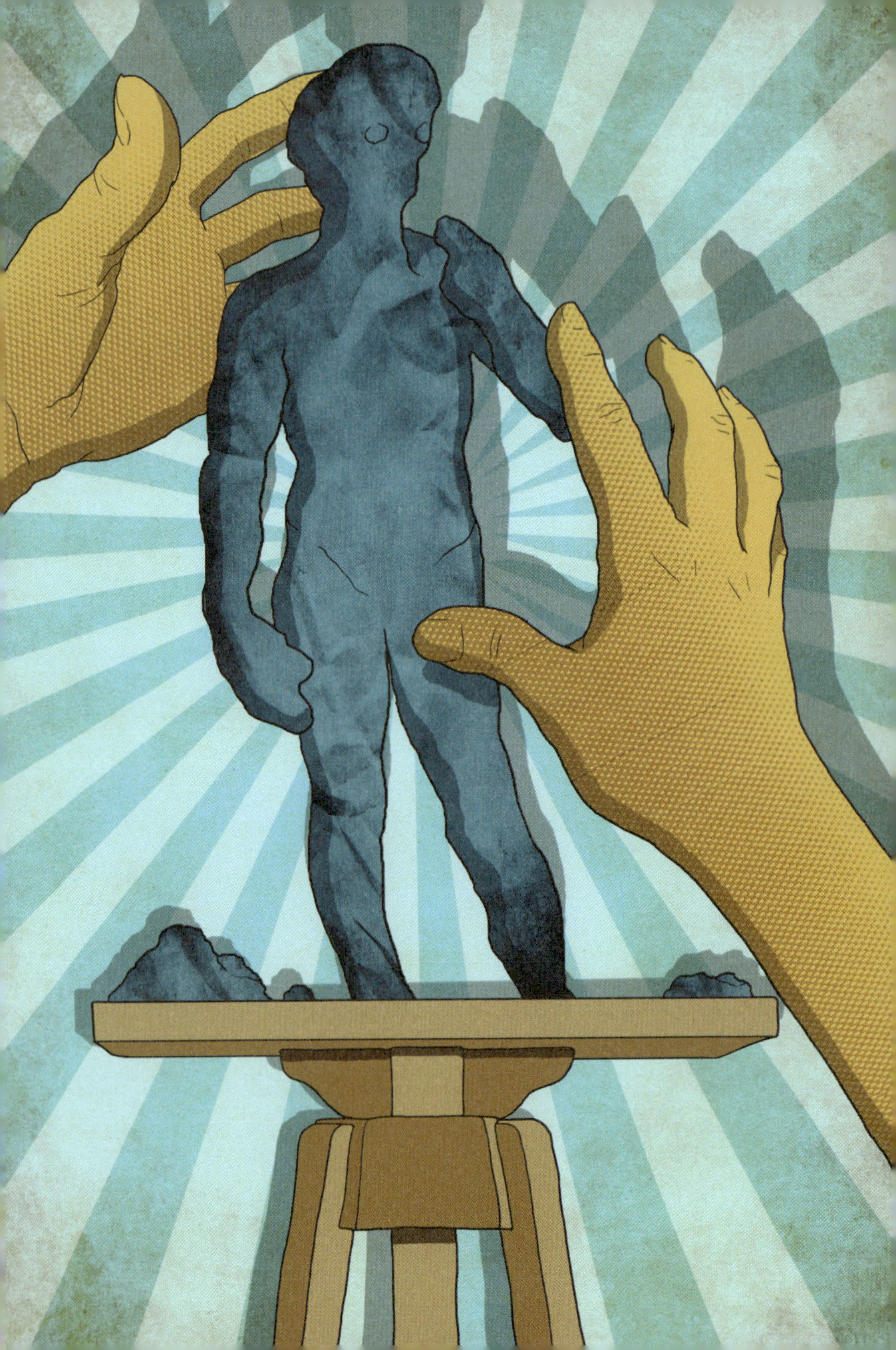

這種情況在工作環境中，可能還相對簡單；但如果是伴侶關係，則會變得很難。蒙格這樣警告過：「如果你要過悲慘的人生，就想著你可以改變對方，然後去跟某人結婚。」假若你已經步入婚姻，那就要麼坦然接受伴侶的性格（反之亦然），否則就選擇分開。當對象是自己的孩子時，情況會更加棘手——因為在這裡脫離關係並非選項，你唯一能做的就是容忍。反正你對孩子的愛，無論如何都會被他們解讀為父母對自己獨特個性的一種接受。

不過例外還是有的。沒錯，我們可以藉由轉換一個人的同儕團體，來稍微改變他的個性。但這種方法只在一定年齡前有效，最顯著的例子是在轉學的青少年身上。因為突然有了不同的朋友群，其行為也會因應新朋友而有所改變。

人到底為什麼會有不同的性格？這是演化對不斷變動的環境的一種回應。沒有任何動、植物是完全相同的，這樣一整個物種生存下來的機率才會提高——有些個體會失敗，但其他個體會成功。而這個法則當然也適用於人類。如果每個人都有相同的性格——因此對問題也有相同的處理方式——人類早就滅絕了。只是我們為什麼會如此無可救藥地「本性難移」呢？這點也其來有自：我們只有在能預見一個人的行為時，才能與其有效合作並建立穩定的關係。想在群體中得到敬重，你得幾乎毫無選擇地保持一致性——而我們大多數的人也確實是如此。

結論：努力修正性格缺陷是個崇高的目標，不過把目標放在自己身上就好。這樣其實已經夠你忙了。

# 45 總是有什麼就說什麼

總是有什麼就說什麼吧。你得毫無保留地表達出來——直言不諱！無論是在伴侶關係中，是跟你的孩子、朋友、鄰居，或是跟同事、上司，甚至在公共場合裡，你都得做到毫無保留、誠實以對。真實性是沒有界線的。把你腦袋裡的那團混亂全翻出來，這樣你才能釋放清空它。

有些人會因此愛你，有些人則會因此恨你。不過這點你應該毫不在意。你這樣做不僅是為了讓自己感到輕鬆，也是為周圍的人著想——他們也該受益於你的直言不諱。直接了當地告訴對方你對他的看法，毫不保留，毫不修飾。不管是火車上坐在你隔壁的乘客、超市裡幫你結帳的收銀員，還是你孩子的老師，他們的生活都還有這麼多值得改進的地方；所以是的，盡管對他們進行一點指教吧！這是你讓世界變得更好一些——也讓自己的人生壞到極點——所能做的個人貢獻。

## 理智的輕聲細語

作家英格博格．巴赫曼（Ingeborg Bachmann）曾經這樣說：「人是可以承受真相的。」或許沒錯——但只有在量恰好不多不少的情況下。為什麼總統或執行長都需要發言人，當然其來有自。而親愛的讀者，你在與外界接觸時，也該成為自己的發言人。你得身兼二職，既專業又得體地扮演這個角色；而且每個人都了解，發言人是不會把自己所知道或心裡所想的每件事都全數說出的。

像「你變瘦囉，這樣看起來好多了！」或「至少你試過了！」這樣的話，儘管可能出於好意，最好還是不要說出口。你說得愈少愈好，寧可多聽，其實這更有趣——反正你自己的立場，你已經知道。永遠不要說出你對別人真正的看法，即使對方很明確地請你這樣做。徵求批評指教，並不代表也能接受批評指教。而且一旦維繫人際關係的那條線斷了，想要再重新接上就很難，說過的話有如覆水，再也收不回來。把得體和分寸放在誠實之上吧。這條規則雖有點老派，但可以讓你免於把自己費心經營的友誼和人際關係，化為一堆瓦礫。

從你當面告訴某人他／她的缺點那刻起，你就陷入麻煩了。如果對方因此感到受傷，那當然是你的錯，所有人會自動認定你有義務扮演心理治療師。所以請避免發表冒犯性言論，以及說那些你「並無此意」的話。教育成年人，並不是你的責任。

即使在最親密的朋友之間，說話也得有分寸。這在婚姻關係中也一樣。我當然知道這世上有比我更有趣的男人，但如果我的老婆不停地告訴我，她剛剛覺得哪個男人有多麼令人目炫神迷，或是我總是不停地告訴她，我覺得哪個女人有多麼性感，我想我們的婚姻很快就會完蛋。我和我的老婆都很清楚，我們在這個星球上肯定都還有其他可能的伴侶——而且還完全很具吸引力。但總是這樣互相提醒，又有什麼好處？

二〇二二年的文壇，出現了文學史上最讓人印象深刻的書信交流之一——那是弗里施和巴赫曼寫給彼此，一共多達七百八十幾頁的三百封信。在其中一封寫於一九五九年的初期書信裡，他們互相承諾要對彼此完全開誠布公、毫無保留。然而，這段書信往返，卻是以一堆誤解和指責告終。他們的關係最終變成悲劇，結局則是讓人身心俱疲的分道揚鑣。

文學中曾經多次探討過人與人之間的全然坦誠。而其中最佳範例，便是來自愛德華·阿爾比（Edward Albee）的戲劇《誰怕維吉尼亞·伍爾夫》（*Who's Afraid of Virginia Woolf?*）。劇中的喬治和瑪莎這對夫妻，在一對受邀的夫婦面前毫不留情地揭露婚姻殘酷的真相。他們在彼此關係的傷口中不斷戳刺、挖刨，直到這些創傷再也沒有癒合的可能性。

完全的開誠布公是所有關係的死敵，不管是在私人、公共還是職業關係上。波克夏·海瑟威是歷史上最成功的企業集團，而每年在簡短的股東大會後，它的創始人巴菲特總會花好幾個小時的時間來回答在場聽眾的問題。哪些問題是可以問的呢？巴菲特對此劃定了明確界線：「不要問我們打算買或賣什麼。即使這些資訊是公開的，我們也不會討論我們是如何做出決定。我們也不會談政治。除此之外，所有其他問題都可以。」

你也應該像這樣，為自己的人生定下明確的溝通法則。切莫盲目地追求真實性。為每段關係立下明確界線，決定你在當中願意透露多少關於自己的訊息。你唯一應該完全開誠布公與真實坦率的，就是在進行自我對話時。

# 46 相信自己能一心多用

你希望自己的人生盡可能一事無成嗎？那我得向你推薦多任務處理。試試從大學就開始這樣做：例如一邊讀書，一邊不停地在各種網路平台上閒聊——保證你即使讀完，腦袋也還是空空。稍後進入職場，你就以同時處理十幾件任務和計畫，來瞎忙度過每一天——所有的事都同步展開，但沒有一件能順利收尾。是的，讓自己分身乏術地瞎忙吧！在各項任務間疲於奔命，然後不管哪一項都做得很一般。

在Zoom線上會議時，你可以順便讀點新聞或看幾封郵件。沒有人會注意到你的，因為其他人也都在這樣做。回覆郵件的同時你也能打電話，邊吃晚餐你也能邊滑幾則WhatsApp訊息——應該沒有人說不准這樣做吧！噢還有，你旅行的目的不是為了體驗，而是為了拍照，並把它貼上社群媒體。一心多用會讓你成就很多事——很多膚淺表面、可有可無、水準一般和多餘無用的事。那是不幸人生的最佳前提！

## 理智的輕聲細語

人的身體可以自動且無意識地同時處理幾千件事情。我們在成長、消化、修復細胞、消滅病毒和細菌、復原傷口、看東西、呼吸、聞氣味、觸摸和感受的同時，還能夠只靠兩條腿支撐，就能平衡地遊走世界。從生物學的角度來看，每個人都是多工處理的天才。

只是在那些人必須有意識才能執行的活動上，問題就來了。在這方面，我們成為了已真正變成一種流行病的多任務處理的受害者。人類在歷史上還從未嘗試過同時完成這麼多事情，這在過去是不可能的。沒錯，中世紀時的農夫當然可以在犁田時跟他的牛聊天，只是他不可能期待得到任何回應。如今，拜現代科技之賜，我們可以同時置身於許多事之中。你可以讓音樂或播客陪著你開車，這是沒問題的，除非你聽的是催眠訓練課程。你也可以邊做飯，邊打電話給物理治療師預約療程，只是如果你的醬汁有點過鹹，你也別太驚訝。

我們或許可以同時並行地「處理」事情，但無法同時「創造」事情，因為處理和創造之間有著巨大的差異。處理事情時，我們置身所謂的低強度活動領域；然而，想創造些什麼，我們就得保持高度專注，全心全意投入一件事。

低強度活動，是指那些我們並沒有想要達成某種特殊目標的任務。例如刷牙，就只是你每天例行公事的一部分。雖然你在刷牙時聽有聲書也算多任務處理，但這不會有任何問

題，因為你並不打算成為世界刷牙冠軍。

然而，高強度活動（美國電腦科學家卡爾．紐波特〔Cal Newport〕將其稱為「深度工作」〔deep work〕）是那些我們希望能獲取某種卓越成就的任務。這種成就應當是創新的或一流的，應當要優於我們在該領域至今所達成的一切，在最佳情況下，甚至超越全球最頂尖的水準。然而，進行「深度工作」時，多任務處理是行不通的。它破壞我們的專注力，而那是進行創新或想獲致最高成就時所絕對需要的。為什麼呢？因為每當你切換到另一種工作任務，都有一部分原先的專注力會殘留下來——即所謂的「注意力殘留」（attention residue）。好比說，你正在解決一個棘手的問題，但中途分心去瀏覽了一分鐘的新聞網頁——而現在你得花上十分鐘的時間，才能夠把腦袋重新專注在問題上。如果你堅持不懈地專注於任務，儘管或許會覺得工作變得無限漫長，怎麼做都做不完，但你終究會有效率得多。因為你把注意力殘留的問題極小化了。

最強的注意力殘留，來自那些你完成了一半的工作，它會不斷硬是闖進你的意識中。明尼蘇達大學的心理學家蘇菲．勒羅伊（Sophie Leroy）研究了「注意力殘留」，並得出這樣的結論：「我們很難把注意力從未完成的任務中轉移開來。這無疑是對你阿嬤早就說過的一種科學證明：『按部就班，事情你得一件一件來！』」

一個小訣竅：該做的事一次完整解決，不要讓自己有之後再做的機會。電子郵件也是如此。當你打開郵件的那一刻，你得和自己約定：要一次性地回覆（或刪除）郵件。順帶一提，根據我自己的經驗，把電子郵件的預覽摘要設定為不顯示任何郵件內容很有用。否則你的思緒很可能又會天馬行空，無法收回。

# 47 永遠只做表面工夫

我們在上一章討論了多任務處理，不過如果你真心渴望失敗，這裡我再推薦你一種同樣具毀滅性的技能：只做表面工夫。高度專注很辛苦，深入思考很累人，追求原創更是困難，為什麼要這樣折磨自己呢？把強度調降幾級吧，只接那些通常對你沒什麼挑戰性的工作。堅守表面功夫——不管是你的所做所為，還是你所思考和談論的一切。

## 理智的輕聲細語

如果你想要的是美好的人生，我建議你：儘量把更多活動從低強度轉換為高強度模式。為什麼？首先，如果你能像鋒利的雷射光那般聚焦專注，事情就會做得更快且更好。其次，這可以鞏固增強你的專業領域，假以時日更能達到頂尖專精。而頂尖專精的能力，又是當前全球經濟中，唯一能保證讓你所得顯著高於平均薪資的特質。噢，還有一點，聚焦專注的人生就是更有趣；低強度的人生，則無聊糟糕透頂。

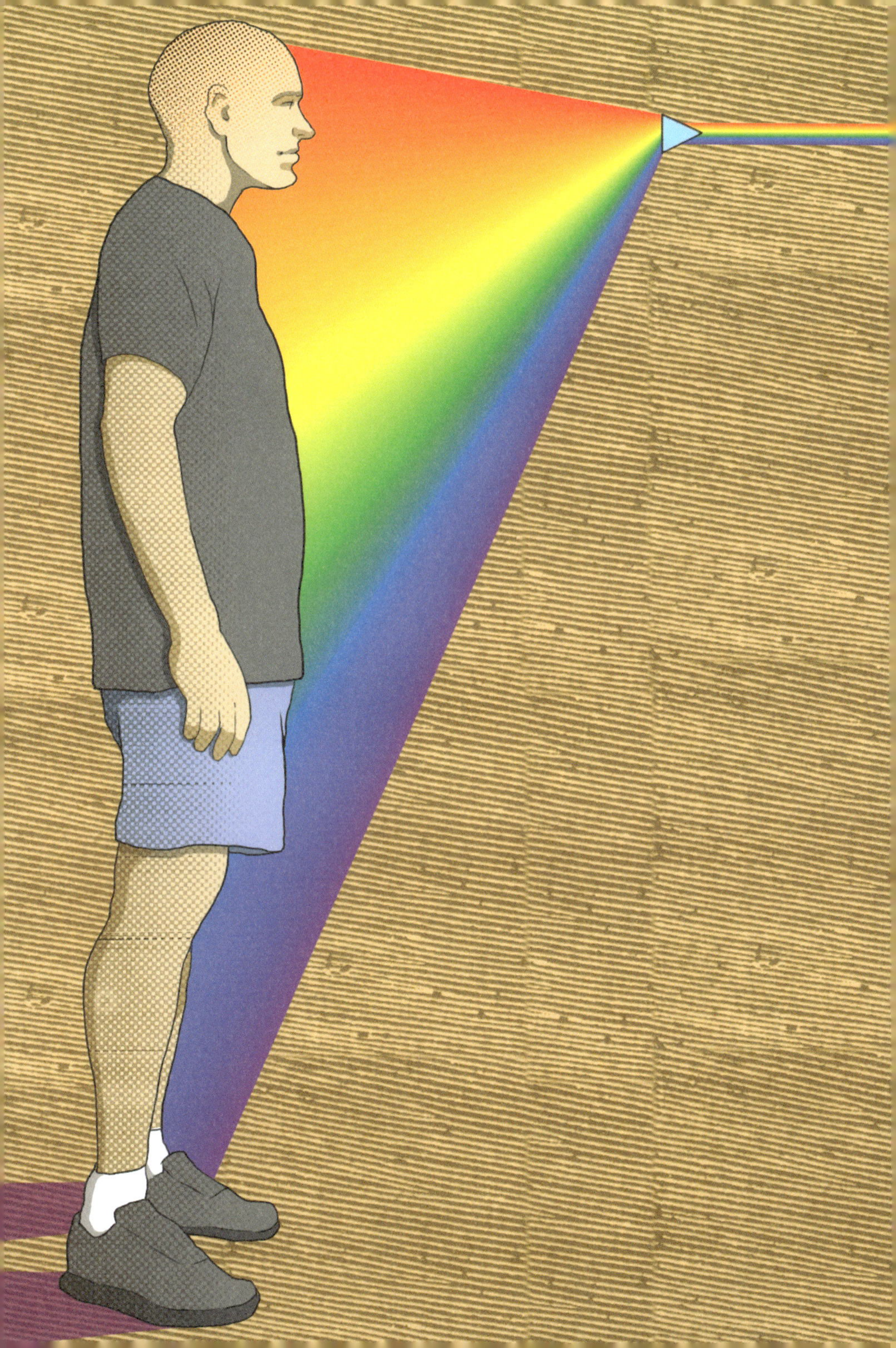

以下是三個加強深度的建議。首先，盡量減少「淺層工作」，也就是表面化的工作，把它從你的日程表中刪除或另做委託。試著自問：在我這個領域裡，如果一個很優秀但缺乏相關訓練的大學畢業生來做這件事，大概需要多久的培訓時間？如果答案只是「幾星期」，那就確保推掉這項任務。這會讓你有更多時間投入「深度工作」，也就是那些幾乎沒有人能做得比你更好且必須高度投入的任務。職場中的開會、行政事務和寫報告等工作，是典型的「淺層工作」。儘量把這類事務維持在最低程度，可能的話也儘量讓人工智慧工具派上用場。把一天當中最充裕的完整時段留給「深度工作」，並記在你的行事曆和日程表上——而且是卡住這些時段，無可動搖且不可侵犯。

第二，杜絕所有讓人分心的干擾。在手機上設定你只接聽哪些電話，例如我就只接聽家人和同事的電話，其他來電都會進入語音信箱，並得到請發送電子郵件給我、而不是留言的指示。另外，關掉你手機和電腦上的所有通知吧。也最好不要讓它們有任何聲音、震動或閃爍發光。讓你的手機（和電腦）成為干擾禁區，完全安靜。

即使看似簡單的事，如閱讀，也需要絕對的專注力。美國作家菲利普．羅斯（Philip Roth）在一次訪談中說道：「專心、全神貫注、孤獨和安靜，所有這些認真閱讀的必要條件，對今天的人來說已經遙不可及。」向他證明事情並非如此吧！羅斯的英國同行麥克尤恩是這樣做的：「我很認真看待閱讀這件事。我在閱讀時，不會接聽任何電話。我記得小時候如果在讀一本書，人們會以為你沒在做任何事，然後隨意和你搭話。但有人會在你打網球時跑進球場和你說話嗎？閱讀應該至少跟打球一樣重要。」

第三，保持高度聚焦且全神貫注，即使你在外界眼中好像心不在焉。「查理有著驚人的專注力，」美國投資家查理．蒙格的一位朋友這樣說：「每當他全神貫注時，其他一切都消失了。」為他作傳的傳記作家愛麗絲．施洛德（Alice Schroder）則說：「蒙格有一點眾所皆知，他可以在別人還在跟他說話時一屁股坐進計程車，好像什麼都沒聽見那樣；而且一旦結束對話，他也會立刻消失在門後，不等候任何回應。」

美國前總統狄奧多．羅斯福（Teddy Roosevelt，即老羅斯福）以他的「羅斯福短跑」聞名：這是他全神貫注於工作的一段時間，從幾分鐘到一小時不等。他是如此絕對專注，以至沒有人能在那當中跟他說話；而在那之後，他會讓自己短暫休息，然後再進入下一場專注的「短跑」。物理學家彼得．希格斯（Peter Higgs）——希格斯玻色子（Higgs boson）的發現者——是如此全心全意地投入自己的工作，連在他獲得諾貝爾獎的消息公佈後，媒體都找不到他。比爾．蓋茲年輕時是「如此專注且長時間地工作，以致於經常代碼寫到一半，就在鍵盤上睡著了。他會睡上一兩個小時，醒來後再從他中斷的地方繼續工作」。管理自己的注意力，是美好人生的核心技能之一！

# 48 與病態為伍

植物有各種顏色和形狀：有的明艷動人、有的毫不起眼，有的氣味芳香、有的腥臭難聞，有的味帶甘甜、有的隱含毒素，有的多刺，有的易養，有的則是雜草。而人之形形色色簡直堪比植物，這是多麼豐富的選擇！把他們全都邀請進你的人生吧！你是為了你自己好而這樣做：這五花八門的各色人等——從病態、牆角花、操控者、自戀狂、說謊癖、老是向人伸手的乞討者，到那些瘋瘋癲顛的「怪人」——肯定會讓你的生活更多采多姿。你當然也可以純粹出於善意：因為你想盡量幫助所有的人，即使是那些最困難棘手的個案。總之，你讓愈多怪人進入你的人生，你的人生也會愈來愈瘋狂，愈來愈不堪。

## 理智的輕聲細語

想像一下，你是海軍潛艇上的一名水手，已經跟其他八十名同僚，一起在海平面下生活了三個月。空間在這裡是極其珍貴的資源——床鋪必須共用，因為大家都得輪班；在走

廊上遇到人，必須側身才能通過。沒有窗戶，沒有單獨的淋浴室，沒有私人空間，沒有手機信號，沒有無線網路，沒有對外的私人通訊——還有，當然也離開不了這艘船。再加上引擎的轟鳴聲、命令的嘶吼聲跟臭汗味。你沒辦法選擇你的同伴，你得該死地想辦法跟他們相處下去。

相較之下，我們的生活是多麼舒適！不僅僅是因為我們有新鮮的空氣，有手機訊號和一張自己的乾淨的床；更重要的是我們可以選擇和誰，以及在何時何地共度多少時光。然而，我們往往傾向忽視這份自由。我們會因為不得不與那些讓我們不快、妨礙我們、甚至對我們不懷好意的人扯上關係，而感到惱火。其實完全沒必要。

「你得對許多事物敬而遠之，」美國投資家蒙格這樣說：「騙子、瘋子、自戀者、滿肚子怨恨的人、自憐的人、總自認是受害者的人——對你有害無益的人事物，簡直多不勝數。你得找出它們，並像躲瘟疫一樣遠遠避開。」

而以下便是你該敬而遠之的幾類人。首先：人格病態者。這些人走火入魔地相信，全世界都與自己為敵，因此會曲解別人的任何行為。哲學家保羅．瓦茲拉威克（Paul Watzlawick）舉過一個例子，描述一位母親送給兒子兩件襯衫。當兒子穿上其中一件時，母親悲傷地問他：「你不喜歡另一件嗎？」

其次，與人格病態者關係密切的是操控性強的人。他們會以犧牲他人為代價來扭曲事實，並使人產生內疚感。這些人會說：「如果你真的在乎我們是否成功，就會毫不猶豫地這麼做。」或「我為你做了這一切，而你居然這樣回報我？」

第三類是自戀狂。自戀狂會說：「能和像我這樣的人在一起，你該感到幸運！」或「你為什麼不能再更像我一點？」

第四類是你無法預測且極端善變的人。這種人早上會稱讚你：「你昨天的報告真的很棒！去好好吃一頓吧，我請客！」到中午卻會全面改口：「我對你總是太大方了。」

第五類是抱怨不休的人。他們永遠消極的態度讓人精疲力盡。第六類：戲劇化的人，喜歡挑起爭端或陷入戲劇性衝突中。第七類：病態競爭者：把一切都轉化為競爭，而且不管什麼事都必須當第一。第八類：永遠的受害者。第九類：破壞狂。這種人會宣稱你做的每件事都沒有意義，以此來破壞你的計畫。例如他會說：「別指望你的出書計畫會成功，現在沒人讀小說了。」第十類：聲名狼藉的人。他會把你扯進一些聽起來超棒的事業和野心勃勃的計畫中，但結果保證失敗。第十一類：缺乏善意庫存的人（所謂的「零基情感」，zero-based affection），跟這種人相處你總是得不斷從頭再來。此外，還有偽君子、說謊癖、詐騙者、罪犯、毒癮者，以及像思覺失調症、躁鬱症與邊緣性人格障礙者這類的臨床精神病患者。

很幸運地，你並沒有被困在潛水艇裡，更不是在精神病院。你可以自由決定要跟誰共事，或跟誰共度人生。這個世界有許多相處起來讓人疲憊不堪的人，但同樣也有許多很棒很美好的人。在你的人生路上找到那些好同伴吧，不管是在個人生活或在職場上。你會發現他們在許多方面都比你出色：更聰明、更機智、更誠實、更謙遜、更有活力。這些人會拉著你向上提升，至於其他則會拖著你向下沉淪。

# 49 跳進競爭的泥沼

哪裡競爭最激烈呢？那就是你非去不可的地方——如果你想讓自己和你的事業盡快陷入地獄泥沼。在競爭愈激烈的市場上，你成功的機會就愈渺茫。去創立第一百家私募股權公司吧，或是去柏林開第一千家酒吧、第一萬家美髮沙龍。你得一直待在競爭最激烈的地方，這樣才能確保有一個工作疲於奔命、毫無樂趣、薪水還少得可憐的人生。每年有二萬個演員去洛杉磯追求他們的好萊塢夢，不過大約只有二十個人會成功。加入這些滿懷希望的人吧——儘管你的算數顯然不怎麼樣，但演技肯定非常棒。你或許也可以全力以赴，去當個國際網球選手。你不是擊敗過所有的同學嗎？瞧！這應該足以讓你達到費德勒的水準——或甚至更高。如果要上大學，就去讀時下最夯的專業吧——企業管理、創意寫作、社群媒體行銷。你不僅會因此讀得很辛苦，日後還得面對競爭得你死我活的就業市場。

身為企業家，如前所述，你得跟上時代的脈動——比如金融科技、區塊鏈和人工智慧。只有在這些領域，你才能保證從一開始就面對困難重重的員工和市場環境。也只有在那裡，競爭才能激烈到不如你的價格低到破壞行情，優於你的則品質遠超過你。

對單打獨鬥的人來說，情況也完全一樣。今天有成千上萬的半調子 TikToker，大多仍停留在自吹自擂的階段，每天或每小時的收入低到不能再低。而大多數的攝影師、YouTuber 和記者，也半斤八兩。去加入數以百萬計的生活方式教練或小說家陣營吧；此外，我也特別建議你去開餐廳——那裡保證競爭慘烈，利潤微薄，倒閉機率還遙遙領先所有行業。總之，如果你想要悲慘的人生，就跟風去做所有其他人都在做的事。這應該絕對不會錯吧？你就到那些過度飽和、擁擠不堪的地方鬥得精疲力盡——不管在職場、嗜好，還是在選擇伴侶上。

## 理智的輕聲細語

「社會認同」——德語中大致稱為「從眾行為」——指的是複製模仿他人行為的傾向。我們往往會去追求那些許多人也在追求的東西。

美國投資家彼得．泰爾（Peter Thiel）有次這樣說：「當許多人都試圖做同樣的事情，這往往是瘋狂的證明。」此外，還有為競爭而競爭的「男子氣概效應」——看似很有競技色彩，事實上卻愚不可及。相反地，聰明人會避免競爭。與泰爾一樣極為成功的投資家巴菲特認為：「成功人生的祕密，就是低度競爭。」諾貝爾獎得主珍妮弗．杜德納（Jennifer Doudna）（基因剪刀的發現者）也確認這一點，她說：「我一直在尋找這樣的機會，某個地方正好有我很得心應手的工作，而且沒有太多具備相同能力的其他人。」所以避開競爭吧！彼得・泰爾甚至很毒辣地說：「競爭是留給失敗者的。」

你離成功很遙遠嗎？這不一定是因為你能力不足或缺乏動力，更可能是因為你處在一個過度競爭的市場裡。比起在那當中勞碌奔波、死命掙扎，能在更平靜無波、更小的水域裡悠游，其實是更好的選擇。把精力投注在尋找適合你且你有機會成為箇中翹楚的工作上吧。至於如何做到這點，或許你可以參考彼得・杜拉克（Peter Drucker）或羅傑・馬丁（Roger Martin）這些策略思想大師的著作。

不要戀棧大型舞台。競爭特別激烈的地方，很諷刺的，也往往是那些所為之物毫無價值之處。「為什麼大學裡會有這樣惡性的競爭？因為那裡的賭注是如此微不足道。」美國前國務卿暨哈佛大學教授亨利・季辛吉（Henry Kissinger）曾經這樣說。阿根廷作家荷黑・路易斯・波赫士（Jorge Luis Borges）則對此做過非常生動的比喻：那是兩個禿子在為一把梳子爭吵。

# 50 對一切來者不拒

無論是半夜載人去機場，校慶時負責顧蛋糕攤位，還是自己生日那天去幫人搬家——你永遠都機動待命，任務必達。你總是奮不顧身地下場支援，收拾別人計劃不周留下的爛攤子。你是朋友和同事需要找人傾吐時的閨密，不管你自己正好有多忙、壓力有多大。人們會感激你的無私付出——而且很快就會感激到連「謝謝」都省掉，因為反正大家都知道，你總是來者不拒，總是很可靠。你就像時間的億萬富翁那樣，把自己的時間大把大把地慷慨分贈給大家！如果有人問：「或許你能幫我……」你就回答：「當然啦，對你永遠沒問題！」

## 理智的輕聲細語

為別人撥出時間，成為朋友和鄰居的後援，甚至幫助陌生人——都是很光榮的事情。不僅如此，這麼做對我們本身也很有益且深具意義——然而，它有一個限度。具體來說，就是直到你發現你失去了自我。承擔超過自己所能應付的事情，絕對是引發壓力的毒藥；它不利你本身的工作表現，也因此終究會影響到他人。

有件事總讓我驚訝不已，那就是人對時間——特別是未來的時間——並沒有給予應有的重視。他們對待時間的方式，就好像它是免費且取之不盡的，跟空氣一樣；然而，事實上每一分每一秒都有其價值。而這個價值相當於機會成本，也就是人把這天的這段時間以最佳方式來利用時的價值。這個價值不必非得以金錢來衡量，認識新朋友、獲得更深的見解、與家人出遊，或只是躺著看半小時的雲，也都可以價值非凡。什麼對你具有價值，由你自己來決定。不過在把一段時間給出去之前，請問問自己，在此之外能用它來做什麼事最好。

想當然爾，假若你必須計劃的那段時間離現在還很遠，要如此考量會特別困難。例如我常答應一些六個月或甚至一年以後的邀約——晚宴、演講或會議——結果在那一天愈來愈逼近時，我後悔了。

想想一年後的今天，你那天的行事曆現在看起來應該還很空吧。不過你當然也知道，你眼前的這一天，在一年前也只是行事曆上空白的一頁。假設你在從今天算起的第五十二週那個星期，會跟現在這星期一樣忙翻——在這個前提下我建議你：有邀約來時，不必查閱行事曆，而是直接假設這個約就在明天。你明天有空嗎？把這個約安排到明天你沒問題嗎？如果有問題，那就說「不」。

巴菲特曾說：「成功的人和真正成功的人之間的區別，在於真正成功的人幾乎對一切都說不。」他也順理成章地對員工下了明確指示：「拜託，請回絕所有希望我去演講、提供貢獻之類的提議。儘管這些請求有時候會附帶一句『問一下也無妨』。但如果你能直接跟他們說『不』，事情對你和對我都會簡單許多。」

另一個建議：請練習「五秒鐘拒絕法」。最多只給每個請託五秒鐘的考慮時間，在這段精短的考慮期限過後，除非那個請託顯然非常重要或完全非比尋常，否則你的標準答案應該是「不」。避免說「我會考慮一下」；當你想說「不」時，千萬不要說「也許」。但也不要只是很空洞地丟出一個「不」，要態度明確、專業，甚至友善地給出一個理由。至於這個理由簡單概述一下就夠了，例如：「我很榮幸你能問我，但我僅有的一點空閒時間屬於我的家人啊。」——這是大家都能理解的理由。

為什麼我們對自己的時間是如此慷慨大方呢？主要原因：我們是一種講究合作的哺乳類動物。單靠自己我們什麼也不是，只有彼此合作才能達成一切。合作的動力是人與生俱來的，是透過「投桃報李」的理念來運作——「你對我怎樣，我就對你怎樣。」也因此人往往傾向先替他人做些什麼，以確保盡快獲得善意。

二千年前的古羅馬哲學家塞內卡（Seneca）曾經寫道：「不是我們的生命太短，而是我們浪費了太多時間。」所以請為自己畫出界線吧。不要去跳別人架在你面前的每一道障礙，並且把「不」這個字，在你常用詞彙表中置頂。

# 51 把自己的人生塞滿垃圾

看一下馬庫斯的公寓吧——一個真正的科技殿堂！全新的iPhone旁，還有一部最新款的三星Galaxy Fold；兩部手機都塞滿各種應用程式，目的是讓他的日常生活盡善盡美，並把個人生產力推向空前的高點。在他客廳的中央，矗立著一部巨大的4K超高畫質電視，旁邊則擺著最新遊戲主機——PlayStation 5和Xbox Series X。Google Nest Hub操控著家裡從燈光到溫度的一切，連廚房都很高科技：人工智慧驅動的感應電磁爐，把烹飪變得輕而易舉——理論上是如此——智慧型冰箱則同時在一旁檢查食物的保存期限，並建立購物清單。這些聰明的助手理應幫馬庫斯處理那些他懶得做的事，只是現在情況卻變成，他得經常把晚上和周末的時間，用來解決一些緊急的科技問題。這些設備每一個本身都很棒，但它們相互配合運作時，卻跟幼稚園孩童在遊樂場玩耍時所採行的規則沒什麼兩樣——完全一團混亂！馬庫斯朝Nest Hub喊指令時，口氣總是愈來愈火大，因為一半的指令會被錯誤接收，然後導致一連串令人髮指的狀況。例如正值盛夏，暖氣卻被轉到火力全開的模式；智慧型咖啡機堅持要沖一杯超濃的濃縮咖啡Ristretto，而不是他平常喝的較淡的Lungo。他的手機總是沒完沒了地震動，顯示著不同連線設備發出的各種訊息，不是要求進行軟體更新，就是提醒可能出現的問題。所謂的「科技工具讓人快樂」，事實上就是不快樂的完美配方。

## 理智的輕聲細語

這種認為科技會讓生活徹底簡化的錯覺，被稱為「科技工具謬誤」（Gadget-Fallacy）。我們已經興高采烈地迎來各種科技新工具大約四十年，不過它們大多出現了，然後又消失了——從掌上型電腦PalmPilot、媒體播放器RealPlayer、電動滑板賽格威、Google眼鏡到黑莓機。所以這些科技真的簡化我們的生活了嗎？不見得，事實上還更適得其反。讓我們更有生產力嗎？其實也很有限。因此我建議你：科技裝置能少用就盡量少用，而且如果要用，就用作業系統相同者。此外，也不需要非得買最新款的，當個科技新品的後期採用者，你可以悠哉地旁觀那些早期採用者，如何跟他們新玩意的各種大小狀況搏鬥。還有，手機裡的應用程式也是愈少愈好，把它們放進資料夾，只有真正需要時才打開。

「科技工具謬誤」可以套用在任何你買得到的家當上——從度假屋、露營車、鞋子、衣服到家裡雜七雜八的東西，以及運動和休閒用品。你每買一次，就會得到一種承諾：你的生活將變得更舒適、更輕鬆，你會活得更長壽、更美麗或更快樂。事實上，它或許在短短幾小時或幾天內真的有這樣的效果；但在那之後，你就只能像個被銬上沉重鐵球的囚犯般，拖著這些累贅過日子。

我們的鄰居在策馬特山區買了一棟度假屋。一開始他們是這樣想的：小孩學校放假時全家就到山上度假——冬天滑雪，夏天健行——其他時間則把房子出租，租金收入還可以用來支付房貸利息。聽起來真的很不錯，但實際上那卻完全變成了一種壓力。每個週末，鄰居的這個媽媽都得從伯恩開上三小時的車到策馬特，一來是去接收退租房客的鑰匙，二來是打掃整棟房子，以便新房客入住。接下著，她還得再開三小時的路程回伯恩（不塞車的情況下）。你當然也可以把所有這些事都委託給別人，只是管理費是如此之高，這樣一來，出租房子根本就無利可圖。而且這整件事除了來回奔波，還有一堆文書工作：房地產貸款、租賃合同、水電、暖氣、稅務……永遠有做不完的事——於是他們每次前往馬特洪的假期，與其說是到山裡享受輕鬆自由的空氣，也許更像是薛西弗斯般無止盡的攀登苦刑。

許多研究已明確證實：擁有更多，並不會帶來更多的幸福。無論你擁有多少，總會有人擁有更多，而你會陷入一種永無休止的嫉妒漩渦。此外，人對最熱門新產品那種一開始的熱衷，會消退得跟你吃了一包巧克力餅乾後的食糖興奮感一樣快，剩下的就只是一種對「擁有更多」的執迷不悟的追求——歡迎來到「享樂主義的滾輪」！研究證明，把錢花在獲得體驗上，遠勝過購買東西。所以與其買一隻新 iPhone，不如犒賞自己去度假幾天，這

會讓你的快樂更持久。

二〇一一年，一位名叫近藤麻理惠的年輕日本女士出版了《怦然心動的人生整理魔法》這本書，並在全球引起轟動。這本書所要傳達的主要訊息是：清空你的櫃子，把所有東西堆成一堆，然後扔掉那些不會讓你快樂的東西——不管是衣服、各種用具裝置、玩具，或甚至只是基於禮貌而保留的禮物。我自己試過這個方法，剩下的東西真的不多，至於所有其他大部分東西，都送去了救世軍這個慈善機構。結論：你生活的品質取決於你思想的品質，而不是你擁有多少科技新玩意。

# 52 跌進內容的陷阱

發生了什麼事？是怎樣、在哪裡、什麼時候發生的？還有為什麼會發生？你得像海綿吸水那樣吸收資訊！對所有的事都保持「興趣」，盡情地沉浸在網路帶進你生活的資訊洪流中吧——那裡有你永遠看不完的文章、播客、部落格和影片。你每點一次，就會多知道些什麼，這樣你就具有資訊優勢。也因為那種快樂的感覺很短暫，所以你得繼續點你的下一道資訊小菜，把一小時又一小時的時間消磨過去。還好網路上的這種「內容」庫存，永遠不會耗盡！當然，有一天你肯定會發現，儘管你「知識淵博」，卻沒有真正成就過什麼。但你就繼續點擊下去吧，因為如果那種假裝自己很具生產力的溫暖卻空洞的感覺消失了，日子要怎麼過下去呢？

## 理智的輕聲細語

「內容」是新型的大眾毒品。我們可以取得的資訊內容無窮無盡——從書籍、影片、部落格、貼文到推文和播客。YouTube使用者平均每分鐘上傳五百小時的影片，推特上每天都有超過五億條的推文，Instagram用戶每天則發布超過九千五百萬張照片和影片。而在那當中，有百分之九十是垃圾，百分之九很一般，只有百分之一算真正精彩。不過即使是那僅有的百分之一，數量也多到讓我們就算活一千年，也消化不完。

所以歡迎來到「內容陷阱」吧！當你在這裡被動地消費著大量看似聰明的內容，你會有種很充實的錯覺——你可不是擴展了自己的視野嗎！撇開那些水準一般或極其劣質的內容不談（可惜人經常在事後才發現它們就只是這樣），即使是優質內容，你也不該隨心所欲地毫無選擇地陷入其中。如果不想在這種資訊洪流中滅頂，就迫切需要對策。而以下是我的五點建議。

首先，你得定義你個人的能力範圍。也就是你希望自己能夠熟練精通的那個能力領域。對你來說，落在這個範圍裡的內容是相關的，超出這個範圍者則無關緊要。你必須明智選擇且目標精準地消費資訊，不要只是漫無目的地在無邊無際的資訊汪洋中瀏覽。在這種情況下，最危險的關鍵詞之一就是「有趣」。當然，一切都很有趣！你完全可以花一整個下午，去滑那些有點神經質的青少年在Instagram上的貼文，並從中學到一堆有關於人類心理學的東西。但也正是「有趣」這個詞，開啟了內容陷阱的大門。把它從你的詞彙庫和大腦中刪除吧。你真正應該消費的，是「相關」的內容。你可以允許自己的兩個例外是：每週給自己最多四小時的時間，去看那些不在你能力範圍內的優質內容，以獲得新點子或

新靈感。另一個例外則純粹為了娛樂，就算它對你的工作沒有幫助，你也可以看一下《犯罪現場》（*Tatort*）來娛樂犒賞自己。

第二，你所消費的內容量不該多於你的生產。這裡所謂的「生產」並不一定是生產「內容」，它可以是任何形式的有價值的工作。只要奉行這個原則：它們可以用小時來計算。

第三，在你埋首下一段影片或下一本書之前，先給自己留下兩分鐘，並設定一個明確目標。你希望從那段影片或那本書中得到什麼答案？它應該會讓你進步多少？就像科學家在進行研究時總是先有假設一樣，你也要帶著一個這樣的假設，去接收每項「內容」。

第四，不要只是被動坐著等著被資訊洗禮。你得積極參與，做筆記且歸納結論。只有這樣，你所讀到、聽到、看到的內容，才能真正留在腦中。我的一位朋友會把一切都做成心智圖，也就是一種內容的圖形化呈現。這位本身是億萬富翁的朋友，認為這種製作心智圖的方法是他成功的基石。這點我絕對相信，雖然我自己並沒有這樣做（也許這就是為什麼我不是億萬富翁），但我會把重點寫在Word文件裡，並把其中最重要的心得列入一個待辦清單，每個月檢查一次。也許你用哪種方式來處理消化資訊內容並沒有那麼重要，重要的是你是否徹底執行。

第五，好書要讀兩遍，精彩的影片也要看兩次，而且是前後兩次緊接著做。因為看一次你只會記住內容的百分之一，看第二次記住的則是百分之五，五倍之多！順帶一提，最能促進學習的終極武器，是用自己的話把所學內容重述一次。至於你是對誰報告——不管是你的伴侶、同事，還是你的狗——一點都不重要。反正從中受益最多的不會是你的狗，而是你本人。

# 結語與謝辭

## 逆向思考的方法

在西斯汀小教堂的天花板上，亞當和上帝的手指互相碰觸著。乍看之下，你會不太清楚到底是誰創造了誰。當然最普遍的看法是上帝是創造者，但熟悉古代歷史的人都知道：其實是人類創造了上帝——英國思想家馬特．瑞德利（Matt Ridley），就是這樣描寫視角轉換，亦即逆向思考的方法。很多事情如果把它轉個一百八十度來看，就會變得更清晰。

我在這本書的所有章節裡，都試著展現如何把美好的人生變成保證不幸的人生——但我真正希望你做的，當然是完全相反的事。逆向思考的法則告訴我們，不要從一開始就去追捧榜樣和最佳範例，更重要的是去找出負面借鏡和人常犯的愚行。要訣是：從他人的錯誤中學習，並研究失敗案例——無論是他人的還是自己的。去那些失敗的人生、關係、計畫和企業的葬身之地走走吧。親愛的讀者，也請延續這些章節的思路，做出你個人擴充版的「人生地雷清單」。不斷問自己：為什麼某個人會失敗？這個問題與尋找成功的祕訣同樣重要，甚至可能更重要。

逆向思考為我的生活帶來許多益處。與其去找出什麼能讓我保持健康，我更專注於避免不健康的習慣。與其思考如何提高效能，我會找出並掃除讓人分心的事物。與其尋找致富之道，我寧可小心避免可預見的損失。與其分析一段關係成功的原因，我更注意什麼會導致關係破裂。與其為做出完美的決定而百般思量，我選擇避開許多人都曾經踩過的決策陷阱。與其汲汲於追逐幸福，我寧可先除去讓我無法走向幸福的障礙。

逆向思考法則還可以廣泛應用。好比每當有很糟的事情發生時，不要只是自問為什麼會發生這樣的事，也要想著為什麼情況「僅僅」這麼糟，而不是更糟。舉例來說：某人離過兩次婚。為什麼不是七次或八次？或有關通貨膨脹。二〇二〇年代的情況遠不如一九二〇年代那麼糟的原因是？顯然我們的政府和中央銀行也不是那麼一無是處。那有哪些事他們做對了？去找這些問題的答案，你會從中學到很多關於良好的關係、完善的經濟或國際政策的要素。

逆向思考的另一種形式是角色互換。舉例來說，你可以在主持面試時這樣問應徵者：「假設你處在我的位置，你會特別注意哪些方面？」或者像巴菲特那樣，當他在評估某些公司是否是好投資時，他會問：「如果我們的角色互換，現在我經營著你的公司，那你會對我提出哪些問題？」或是再次反問：「如果你想勸退我買你的公司，你會給我哪些資訊？」

回到悲慘人生這個主題。人生在世，總難免有來自外界、任誰也愛莫能助的苦難，無論是疾病、戰爭或天災，這些命運的打擊多不勝數也無法掌控。然而，人生有另一半的不幸是源自內在因素，這部分是你可以影響或掌控、也就是你能夠避免的痛苦。而且這些可以避免的錯誤，甚至類型有限。沒錯，你不會在那些咎由自取的悲劇中，看到多少原創性——人總是不斷在重蹈覆轍。

本書的核心隱含著一個問題：一種人只要盲目遵從就可以創造出美好人生的規則，是否真的存在？在中世紀的修道院團體裡，就奉行著這樣的規則，其中最著名的即聖本篤準則（Regula Benedicti）。然而，即使在修道院的圍牆內，很多事情也行不通：從修士間的紛爭、財務問題、貧乏單調的精神生活到修道院的衰敗。你可以很有把握地這樣認為，即使在修道院這樣單純的世界裡，都不存在著能百分之百奏效的準則清單，更遑論在今天這個如此變化多端的時代——人擁有這麼多選擇、這麼多可走的人生路還有這麼多總是在變動的偏好。我十歲的兒子努瑪直覺地明白了這點。他認為：「你是沒辦法估算、計劃人生的，因為這會讓你隨時都在忙著盤算，根本不能真正活著。」數學家史蒂芬．沃爾夫勒姆（Stephen Wolfram）把這種情況稱為「計算不可化約性」（computational irreducibility）。簡而言之，一種化約性的規劃美好人生的理論並不存在，也不可能存在。真正幫得上忙的，是學會逆向思考：避開所有注定會毀掉美好生活的事物。而現在，我們已經知道其中最重要的有哪些。

我在這整個研究人生錯誤的過程時，還注意到另一件事。人不會在一夜之間就陷入

（咎由自取的）不幸。它通常始於一個微不足道的愚蠢行為，然後一而再、再而三地反覆發生。這些微小的愚行會不斷累積，然後直到某一刻像雪崩一樣讓人陷入毀滅。這也是為什麼及早修正是如此重要。不過或許更重要的是：引領人生的技能，是少數不需要創新的領域之一。在這裡，大多數的創新——開放的伴侶關係、數位遊牧生活、反叛現有社會規範——最後都行不通。所以如果你熱愛實驗，就去物理實驗室，而不是在你的人生中進行。

以本書五十二章的內容，當然無法涵蓋所有愚蠢行為模式的範疇。我尚未論及的領域還很多——比如個人理財、健康、職業，或者僅僅是像低空跳傘這類愚不可及的嗜好。所以這段旅程，並不會結束於此。

這本書最終能值得一讀，完全得益於五位卓越的編輯相助，為此我想對他們獻上最大的感謝。而其中第一位始終是我的妻子——作家克拉拉·瑪麗亞·巴古斯——她把我的原始材料轉化為易於理解的內容。不過，她對你——親愛的讀者——最重要的貢獻是嚴格刪除了那些寫得最不怎樣的章節——而這部分可不在少數。剩下的內容，接著到了與我同是作家的朋友妮可·斯托伊貝格（Niko Stoifberg）生花妙筆的手中，接受進一步的琢磨修飾。隨後，這些文本得再經過兩位報紙編輯的嚴格審核——負責《世界報》週日版（Die Welt am Sonntag）知識編輯部的松雅·卡斯蒂蘭（Sonja Kastilan），以及《新蘇黎世報》週日版的編輯托馬斯·伊斯勒（Thomas Isler）。最後，它們來到了皮珀出版社（Piper-Verlag）

頂尖書籍編輯馬丁・楊尼克（Martin Janik）的桌上，他負責編輯了我所有的非小說類作品。

我也想對《新蘇黎世報》總編輯艾利克・古耶（Eric Gujer）與《世界報》總編輯烏爾夫・波施哈特（Ulf Poschardt）致上謝意，感謝他們為本書許多文章提供了在報紙上發表的空間。另外，我還要感謝我的出版人費莉西塔斯・馮・洛芬貝格（Felicitas von Lovenberg），謝謝她對出版這本書的信任。最後，我最衷心的感謝要獻給你，親愛的讀者，謝謝你陪伴我走過這段旅程。

# 杜伯里免責聲明

本書中的觀點，代表我本人目前最清晰也最真實的看法。我保留隨時重新考慮和調整自己立場的權利，甚至也不排除這個可能性——哪天會樂於反駁我自己的說法。而假若我修改了自己的論點，也僅僅是出於追求真理，絕不是為了個人利益。

# 本書插圖

艾爾・波丘（El Bocho）——插圖與概念

艾爾・波丘目前居住在柏林。完成平面設計學位後，他為音樂產業和《週日版法蘭克福彙報》繪製插畫。除了畫廊，城市空間也同樣是他展示作品的場所。在日本、俄羅斯及巴西的展覽和電視節目中，他都扮演著「觀察中的觀察者」的角色。多年來，他透過自己裝置在公共空間裡高達五公尺的插畫與外界溝通，作品已成為都市藝術景觀的固定組成部分。

艾爾・波丘是一位浪漫主義者，他以自己的作品揭示追求的倏忽與無常。

網址：www.elbocho.net

# 對魯爾夫・杜伯里的評論

## 關於他過去的作品

「我不僅讀了魯爾夫・杜伯里的書，還細細品味了他的每一個字。」

——法蘭克・艾爾斯特納（Frank Elstner），電視節目主持人

「魯爾夫・杜伯里是歐洲最具智慧的思想家之一。」

——馬特・瑞德利（Matt Ridley），暢銷書作者

「魯爾夫・杜伯里將不同領域的思想巧妙地合而為一。他以智慧、優雅與精確融合了科學與藝術。」

——約書亞・格林（Joshua Greene），哈佛大學心理學教授

「魯爾夫・杜伯里再次出擊！他不僅讓我們睜開雙眼，也喚醒了我們。他結合敏銳的

科學頭腦與令人讚嘆的哲學方法，從不滿足於表面。所以拿起他的書，愛不釋手地讀吧！」

——坦利·E·奧布萊特（Tenley E. Albright），
麻省理工學院合作倡議主任暨哈佛醫學院榮譽教授

「在他的第一本書中，魯爾夫·杜伯里告訴了我們如何正確思考。而現在他給了我們無價的建議，讓人知道怎樣可以過得更好。」

——詹姆斯·R·弗林（James R. Flynn），
奧塔哥（Otago）大學榮譽教授，『弗林效應』的發現者

「魯爾夫·杜伯里擁有一種迷人的天賦，能以引人入勝且激發思考的方式，來呈現現代科學的成果。」

——布魯諾·S·弗雷（Bruno S. Frey），
巴塞爾大學經濟學教授，經濟學幸福研究的創始人

「魯爾夫·杜伯里具備一種能力，他能識別出世界上最優秀見解，並將這些見解組合成一個整體，使它比個別時更具價值。他在《思考的藝術》一書中做到了這一點，現在他

在《生活的藝術》此書中也做到了。」

——喬納森・海特（Jonathan Haidt），紐約大學教授，紐約時報暢銷書《正義之心》一書作者

「魯爾夫・杜伯里的做法真是絕妙，他將科學研究成果轉化為實際步驟，以幫助人更加成功。」

——羅伯特・B・西奧迪尼（Robert B. Cialdini），全球暢銷書《影響力》和《鋪梗力》作者

「才讀三頁，你就學到了新東西。」

——法蘭茲・欣普塞爾（Franz Himpsel），《南德意志報》

「這些書會改變你的思考方式。」

——丹・高爾斯坦（Dan Goldstein）教授，倫敦商學院

「魯爾夫・杜伯里提供了思考啟發且直言不諱——機智、風趣、精彩。」

——克里斯托夫・法蘭茲（Christoph Franz）博士，

前德國漢莎航空公司執行官，羅氏集團董事長

「你該讀這本書嗎？絕對要！因為它不僅極具娛樂性，也非常嚴肅地揭示了人類思考的本質。」

——羅蘭·貝格（Roland Berger）教授，羅蘭·貝格策略顧問公司創始人暨名譽主席

「一場知識的煙火！不想總是掉進思維陷阱的人，必須讀這本書。」

——伊莉絲·博內特（Iris Bohnet），哈佛大學教授

# 附錄

此處我只列出了最重要的引用、技術參考、推薦閱讀與評論。我主要將自己看作是把這些科學研究翻譯成日常語言的「譯者」，目的是把哲學思想和科學發現，轉化為可在日常生活上應用的知識。關於引用的部分：如無特別註明，皆指二〇二四年當前的Kindle電子書版本。

## 前言

◆查理・蒙格的畢業典禮演說引用出處一：Charles T. Munger: Poor Charlie's Almanack,（《窮查理年鑑》）The Donning Company Publishers, Kindle edition, 69頁。網路：https://jamesclear.com/great-speeches/how-to-guaranteea-life-of-misery-by-charlie-munger

◆查理・蒙格的畢業典禮演說引用出處二：Charles T. Munger: Poor Charlie's Almanack（《窮查理年鑑》）The Donning Company Publishers, Kindle edition, 72頁。

## 01．得過且過的擺爛人生

◆莫蘭迪大橋位在熱那亞，也被稱為波爾切維拉高架橋（Polcevera-Viadukt）。

◆David Brooks：The Quiet Magic of Middle Managers, The New York Times, 11. April 2024（https://www.nytimes.com/2024/04/11/opin ion/middle-managers-business-society.html）

◆有人會因為外交官沒讓戰爭發生而去獎勵他嗎？有人會去閱讀他們的回憶錄嗎？不會，除非他是亨利．季辛格。

◆民主是唯一一種不仰賴完美設定的國家體制形式。在領袖突然缺席或犯下愚行時，你也不需要對它進行英雄式救援。在民主體制裡，選出一位偉大的領袖並不是那麼重要，重要的是能夠以迅速且不血腥的方式將他淘汰掉。此外，連任壓力會使政策不斷隨選民意願進行調整——這也是某種形式的政治娛樂工作。

## 02．壯大你內心那隻因循苟且的怪獸

◆一個這樣的「國際拖延運動」確實存在：參見 https:// www.idler.co.uk/about/

## 03．成為一個靠不住的人

◆»In a vow that students the world over may hope he renounces, Charlie delivered ›the one and only graduation speech I will ever make» in 1986 at the Harvard School in Los Angeles. This occasion was the graduation of Philip Munger, the last of five Munger family sons to matriculate at this prep school (originally an all-boys institution and now the coeducational school called Harvard-Westlake)«參見查理・蒙格：《窮查理年鑑》，The Donning Company Publishers, Kindle edition，第150頁。查理・蒙格：「首先：你就當個不可靠的人吧，不用做你原本打算做的事。只要掌握了這個習慣，你所有其他美德所發揮的作用——不管它可能有多大——都會被抵消。如果你希望自己不為人所信任，且被最好的社群排除在外，那這個方法很適合你。」出自同書，第154-155頁。

◆參見巴菲特：「……這整件事真的很引人入勝，因為看看約翰・梅利威瑟（John Meriwether）、艾瑞克・羅森菲爾德（Eric Rosenfeld）、拉利・希倫布蘭得（Larry Hillenbrand）、格雷克・霍金斯（Greg Hawkins）、維克托・哈加尼（Victor Haghani）、兩位諾貝爾獎得主默頓（Merton）和斯科爾斯（Scholes）這些人……如果你把這十六個人放在一起，他們的平均智商可能跟隨便國內哪家公司裡——無論是微軟還是任何你想得到的地方——的十六個員工的總和相當。所以聚集在這個空間裡的聰明才智，簡直巨大到不可思議。此外，這十六人還擁有豐富的行業經驗，他們並不是一群以前以靠賣男士服裝過活、然後突然進入證券業的人。這十六人在自己的領域裡，大概總共擁有三百五十到四百年的工作經驗。再加上第三個因素，他們很多人幾乎都把全部（相當可觀）的家當，投進了這個事業。也就是說，他們自己的錢也在那裡面。以數億美元為計的自身財富，擁有極高的智力，再加上是自己完全熟悉的領域工作，結果他們還是破產了。對我來說，這真的是很有趣的事。」出自：沃倫・巴菲特（https://novelinvestor.com/buffetts-lessons-longterm-capital-management/）

## 04・當個眼中只有自己的混蛋

◆有關這場葬禮的描述，蒙格說：»Think about the type of funeral you want. There is a story about a person who died. The minister said it is now time to say something nice about the deceased. Nobody came forward. After long time a person came up and said, ›His brother was worse.‹ That is not the kind of funeral you want«. 出自：蒙格《窮查理年鑑》，The Donning Company Publishers，Kindle版， 第290頁。https://davidsnotes.substack.com/p/charlie-mungers-commencement-address

◆有關妙祐醫院徵才：»Such a simple idea, literally counting the number of times a person says I or we in a hiring interview. But how extraordinarily important …And Mayo’s leaders have discovered that, for one thing, using more we than I in an interview is a pretty darn good indicator of a future proclivity for focusing on teammates rather than oneself.« 參見 Tom Peters: The Excellence Dividend: Principles for Prospering in Turbulent Times from a Lifetime in

Pursuit of Excellence, Nicholas Brealey Publishing, Kindle版，第45頁

◆「渾蛋」很少能取得上位。在他們升遷的路上存在著一道玻璃天花板，我們把它稱作「混蛋天花板」。

## 05．對一切寄予厚望

◆當我們第一次做某件事的時候：參見理查．塞勒（Richard Thaler）：「心理學家告訴我們，從經驗中學習需要兩個條件：頻繁練習和即時反饋。當這兩個條件都具備時，例如當我們學騎車或學開車時，學習就會成功——即使可能經歷一些失敗。但人生中的許多問題，並不提供這樣的學習機會。」出自Richard H. Thaler: Misbehaving: The Making of Behavioral Economics，W.W. Norton & Company，Kindle版，第50頁。

## 06．隨興虛度每一天

◆為什麼要人動手去規劃現實日常這麼難？答案：複雜的任務和長期的目標，在人類歷史上是相對較新的概念。我們的大腦在演化上並未為此做好準備，對於我們的祖先來說，專注於眼前的問題與獎賞（例如尋找食物或棲身之處），是比長期規劃更重要的生存課題。

◆這裡所說的史前遺址，當然是帶諷刺意味——因為文字尚未被發明。

◆引用作家茱莉亞・阿爾瓦雷斯原文：»You have to develop the habit of writing. If I had to wake up every morning and decide if I felt like writing, nine times out of ten, I wouldn't feel like it. You are not going to choose to write every day.« Ariel Gore: How To Become a Famous Writer Before You Are Dead, p. 38

◆對約翰・皮爾龐特・摩根提供成功祕訣信封此段原文：»A man approached J.P. Morgan, held up an envelope, and said, ›Sir, in my hand I hold a guaranteed formula for success, which I will gladly sell you for $25,000.‹ ›Sir,‹ J.P. Morgan replied, ›I do not know what is in the envelope; however, if you show me, and I like it, I give you my word as a gentleman that I will pay you what you ask.‹ The man agreed to the terms and handed over the envelope. J. P. Morgan opened it and extracted a single sheet of paper. He gave it one look, a mere glance, then handed the piece of paper back to the gent. And paid him the agreed-upon $25,000. On the paper …Every morning, write a list of the things that need to be done that day. Do them.« 出自Tom Peters: The Excellence Dividend: Principles for Prospering in Turbulent Times from a Lifetime in Pursuit of Excellence, Nicholas Brealey Publishing, Kindle版，第56頁。

◆美國學者蘿拉・范德卡姆（Laura Vanderkam）對成功人士進行研究，並發現他們在一大清早這個時段，最能掌控自己的時間規畫：「在所有其他人吃早餐之前，最成功的人已經取得他們的勝利，而這些勝利使他們得以邁向自己渴望的生活。」（出自：

Farnham Street Blog：https://fs.blog/what-the-most-successful-people-do-before-breakfast/）

## 09．做個表裡不一的偽善者

◆引用自小說家厄普頓．辛克萊：»It is difcult to get a man to understand something, when his salary depends on his not understanding it.« 出自：https://quoteinvestigator.com/2017/11/30/salary/

## 10．對你的壞習慣不離不棄

◆引用自約翰．伍登：»Ability may get you to the top, it takes character to keep you there.« 出自 Tom Peters: The Excellence Dividend: Principles for Prospering in Turbulent Times from a Lifetime in Pursuit of Excellence, Nicholas Brealey Publishing, Kindle 版，第 161 頁。

## 11．定下愚不可及的目標

◆鑑於它的無法合理解釋性——乾脆不設定任何人生目標，不是應該會比較好嗎？不，這樣一來我們將會憑一時衝動來做決定。一時衝動是一種瞬間的細微感覺——像「我喜歡」或「我不喜歡」。如果沒有人生目標，我們當下只會做自己喜歡的事，而避開自己不喜歡的事。那樣的話，人與動物就根本沒什麼兩樣；我們將被迫回歸到最基本的生命目標——只求生存下去。

## 12．做個把自己喝進地獄的酒鬼

◆關於我們失去的自制力：»…alcohol will take the brakes of the mouth, allowing us to career downhill into the realm of the social pariah.« 引自Randy Paterson: How to Be Miserable, 40 Strategies You Already Know, New Harbinger Publications, 2016, S.40

◆有關瑞士的統計數據引用自：https://www.bag.admin.ch/bag/de/home/zahlen-undstatis-tiken/zahlen-fakten-zu-sucht/zahlen-fakten-zu-alkohol. html#:~:text=Geschätzte%20250%20000%20bis%20300,Frauen%20 holen%20aber%20tendenziell%20au

◆有關德國的統計數據：在德國，有一百六十萬人患有酒精依賴。資料來源：www.dhs.de（德國成癮問題主要機構）

◆除了自我藥療之外，酒精依賴的第二大原因是群體壓力。如果你的朋友們經常喝酒，就有可能把你推向酒精成癮。心理學上稱這為「社會認同」：越多的人表現出某種行為，這種行為就顯得越「正確」——而這當然很荒謬。

◆當一切都變得太沉重時，其實還有更聰明的方法可以讓自己暫時忘記生活壓力。例如我的妻子會想像自己失去了某些感官或肢體，譬如假想自己是盲人、聾人，失去一隻手臂或一條腿，然後再重新想像回來。把自己的生活與更糟的情境作對照，具有療癒的能力。

◆關於紅酒有益健康的迷思：https://www.health. harvard.edu/blog/is-red-wine-good-actually-for-your-heart-201802191 3285

## 14．只從自己的經驗裡學習

◆參見查理．蒙格：《窮查理年鑑》，The Donning Company Publishers, Kindle 版，第69頁。網路來源：https://jamesclear.com/greatspeeches/how-to-guarantee-a-life-of-misery-by-charlie-munger

◆摘自蒙格有關終生閱讀：»In my whole life, I have known no wise people (over a broad subject matter area) who didn't read all the time – none, zero.« 查理．蒙格：《窮查理年鑑》：The Wit and Wisdom of Charles T. Munger（引用自：https://finance.yahoo. com/news/memorable-quotes-from-berkshire-hathaways-charlie-mun ger-225308303.html）

## 15．在社群媒體上流連忘返

◆有關傳記作家華特．艾薩克森之引文：»There is a truism about internet comment boards: any discussion descends to shouting ›Nazi!‹ within seven responses. In the case of the gene-editing threads, it was more like by the third response. ›Are we still in 1930s Germany?‹ one person tweeted. Another added, ›How did this read in the original German?‹ Within a day, the folks at the National Academy of Sciences had sounded retreat.« 摘自Walter Isaacson: The Code Breaker: Jennifer Doudna, Gene Editing, and the Future of the Human Race, Simon & Schuster, Kindle editoin, p.356

◆有關製造嫉妒的完美機器：嫉妒是最具毒性的情緒之一，最好立刻將它從你的情感庫存中剔除。

◆有關退出社群媒體的知名人物參見：https://www.boredpanda.com/celebrities-who-quit-social-media/? utm_source=google&utm_medium=organic&utm_campaign=organic#

## 16．在馬路車流中失控抓狂

◆關於年齡和性別在危險駕駛中的差異：The roles of positive affect and risk perception, in: Accident Analysis & Prevention 43(3):923–31

◆戴上海綿小丑鼻的點子（和那個小丑鼻）來自我的朋友Eckart von Hirschhausen。

## 17．與滿腹牢騷的人為伍

◆圍繞原子核旋轉的電子模型（所謂的玻爾原子模型）是不正確的。電子無法被精確定位。今天，我們根據薛丁格（Schrödinger）的波動方程來描述電子，稱之為模糊的電子雲。

◆「負面的心態永遠無法給你正面的人生。」(»A negative mind will never give you a positive life.«) ——諺語。專業術語「損失厭惡」，參見：https://en.wikipedia.org/wiki/Loss_aver sion

◆以下是關於情緒感染以及幸福感與身體健康之相關性的科學研究：

—Hatfield, E., Cacioppo, J. T., & Rapson, R. L. (1994). *Emotional contagion.*

—Rasmussen, H.N., Scheier, M.F., & Greenhouse, J.B. (2009). Optimism and physical health: A meta-analytic review. »Annals of Behavioral Medicine,« 37(3), 239–256.

—Boehm, J.K., & Kubzansky, L.D. (2012). The heart’s content: The association between positive psychological well-being and cardiovascular health. »Psychological Bulletin,« 138(4), 655.

—Isen, A.M., Daubman, K.A., & Nowicki, G.P. (1987). Positive affect facilitates creative problem-solving. »Journal of Personality and Social Psychology,« 52(6), 1122.

—Fredrickson, B.L. (2001). The role of positive emotions in positive psychology. »American Psychologist,« 56(3), 218

—Carol S. Dweck: Mindset, The new Psychology of Success, Random House, 2006.

—Diener, E., & Chan, M.Y. (2011). Happy people live longer: Subjective well-being contributes to health and longevity. »Applied Psychology: Health and Well-Being,« 3(1), 1–43

◆一個有趣的觀點：經傑出研究者Nicholas Christakis和他的同事James Fowler證實，負面情緒不僅會影響直接的朋友，還會在社群網絡中擴散，對朋友的朋友產生影響。（Fowler, J. H., Christakis, N. A., Steptoe, & Diez Roux. (2009). *Dynamic Spread of Happiness in a Large Social Network: Longitudinal Analysis of the Framingham Heart Study Social Network.* BMJ: British Medical Journal, 338(7685), 23–27. http://www.jstor.org/stable/20511686）

## 18．跟你的鄰居過不去

◆有關集體效益參見：Sampson, Robert J., Stephen W. Raudenbush, and Felton Earls. »Neighborhoods and Violent Crime: A Multilevel Study of Collective Efcacy.« Science 277, no. 5328 (1997): 918–24.（http://www.jstor.org/stable/2892902）

## 19．讓毒品操控麻醉你

◆參見查理．蒙格：《窮查理年鑑》The Donning Company Publishers, Kindle版，第69頁。引文稍經修改，將「六十年」改為「幾十年」，以免讀者產生他目前六十歲的誤解。蒙格於二〇二三年去世，享年九十九歲。

- 美國濫用毒品死亡人數參見：https://nida.nih.gov/research-topics/ trends-statistics/ overdose-death-rates
- 中國在那段時間很荒謬地堅決拒絕接受技術較優越的西方科技（如蒸汽船、火砲），日本則作出了相反的決定。亨利・基辛格說道：「日本會得出這樣的結論，很可能歸因於來自國外的思想見解並未與鴉片成癮問題產生連結——它在很大程度上避開了這個問題。」Japan, like China, encountered Western ships wielding unfamiliar technology and overwhelming force in the mid-nineteenth century – in Japan's case, the 1853 landing of the American Commodore Matthew Perry's »black ships.« But Japan drew from the challenge the opposite conclusion as China: it threw open its doors to foreign technology and overhauled its institutions in an attempt to replicate the Western powers' rise. (In Japan, this conclusion may have been assisted by the fact that foreign ideas were not seen as connected to the question of opium addiction, which Japan largely managed to avoid.) In 1868, the Meiji Emperor, in his charter oath, announced Japan's resolve: »Knowledge shall be sought from all over the world, and thereby the foundations of the imperial rule shall be strengthened. Japan's Meiji Restoration and drive to master Western technology opened the door to stunning economic progress.« 參見季辛吉：On China, Penguin Group, 2011, p.79
- 摘自伊恩・麥克伊旺：https://www.npr.org/2016/04/17/474569125/yourbrain-on-lsd-looks-

a-lot-like-a-babys, 伊恩・麥克伊旺在一次訪談中這樣說：»if you want to know what it's like to take SD, have breakfast with the four-year old.«（https://www.youtube.com/watch?v=1mTgH3 KWdR8&t=2530s, time code 33:29）

## 20・在職場路上開進單行道

◆引用查理・蒙格原文：»I constantly see people rise in life who are not the smartest, sometimes not even the most diligent, but they are learning machines. They go to bed every night a little wiser than they were when they got up and boy does that help, particularly when you have a long run ahead of you…« Charlie Munger USC Law Commencement Speech, May 2007（https://www.youtube.com/watch?v=u8117rM2yl8 TC 1:50）

◆學習比智力更重要：略經修改自：»learning trumps intellect.« 出自 Roger L. Martin: »The Opposable Mind: How Successful Leaders Win Through Integrative Thinking«, Harvard Business School Press, Kindle edition, S. 99

◆蒙格在畢業典禮上的演說原文：» …you are hooked for lifetime learning. And without lifetime learning, you people are not going to do very well. You are not going to get very far in life based on what you already know. You're going to advance in life by what you learn afer you leave here.« USC Law Commencement Speech, May 2007（https://www.youtube.com/

watch?v=u8117 rM2yl8, Time Code 1:00）

## 21．人生不可太輕鬆隨意

◆《美國哥德式》畫作：https://www.artic.edu/artworks/6565/ american-gothic

◆有關「愛開玩笑、活潑有趣」人格特質的研究：

—Proyer, R.T. (2017). A new structural model for the study of adult playfulness: Assessment and exploration of an understudied individual differences variable. Personality and Individual Differences, 108, 113–122.

—Guitard, P., Ferland, F., & Dutil, É. (2005). Toward a better understanding of playfulness in adults. Occupational Therapy Journal of Research, 25(1), 9–22.

—Barnett, L.A. (2007). The nature of playfulness in young adults. Personality and Individual Differences, 43(4), 949–958.

—Magnuson, C.D., & Barnett, L.A. (2013). The Playful Advantage: How Playfulness Enhances Coping with Stress. Leisure Sciences, 35(2), 129–144.

—Yu, C., Levesque-Bristol, C., & Maeda, Y. (2018). Generalizability and applicability of the revised playfulness scale in a college student sample. The Journal of Genetic Psychology, 179(4), 187–197.

◆關於「多巴胺清單」：這個用語我是從我的朋友 Thomas Ebeling 那裡學來的。

## 22．沉溺在罪惡感之中

◆對»closure«這個字伊恩．麥克伊旺說：»One of the most terrible and deceptive words in the English language is ›closure‹…. In movies and novels you get closure sometimes, but in life it rarely happens, if at all.« 出自：Live! at the Library with Ian McEwan: The Journey of Life in »Lessons«: https:// www.youtube.com/watch?v=rdJkifRdP44, Time Code 11:42

◆理查．費曼對數學家約翰．馮諾伊曼的社會不負責任感這樣說：»[John] von Neumann gave me an interesting idea: that you don't have to be responsible for the world that you're in. So I have developed a very powerful sense of social irresponsibility as a result of von Neumann's advice. It's made me a very happy man ever since. But it was von Neumann who put the seed in that grew into my active irresponsibility!« Richard P. Feynman: Surely You're Joking, Mr. Feynman! W. W. Norton, Part 3: »Feynman, The Bomb, and the Military«, »Los Alamos from Below«, Kindle 版，第132頁。

## 23．當個不知感恩的傢伙

◆有關「逆風／順風——不對等」現象參見：Davidai S, Gilovich T. The headwinds/

tailwinds asymmetry: An availability bias in assessments of barriers and blessings. J Pers Soc Psychol. 2016 Dec;111(6):835–851. doi: 10.1037/pspa0000066. PMID: 27869473.

◆「空中手扶椅」的畫面來自 Louis CK（https://www. youtube.com/watch?v=oTcAWN5R5-I）

## 24．信任你的銀行專員

◆查理．蒙格：»Show me the incentive and I will show you the outcome.«出自https://www. goodreads.com/quotes/11903426-show-me-the-in centive-and-i-ll-show-you-the-outcome

◆關於「獎勵超級反應傾向」：在我的《思考的藝術》書中有所說明。

◆不要創造愚蠢的獎勵體系，這點對政治人物尤其重要。舉例來說，就是所謂的「福利陷阱」——為了幫助貧困的人並維護某種正義，而好意提供高額補助金，結果這些補助金高到讓人不再覺得工作是值得的，長期來看，反而使這些人的情況變得更加困難，因為遠離勞動市場導致他們的技能逐漸萎縮。（https://en.wikipedia.org/wiki/Welfare_trap#:~:text=The%20phenomenon%20of%20welfare%20traps,security%20and%20income%20taxation%20systems.）我最喜歡的一個關於愚蠢獎勵體系的例子，來自於聯邦快遞（Federal Express）的營運系統。蒙格在《窮查理年鑑》中的第200頁起有相關描述。問題出現在FedEx的班機晚上無法在其主要分撥中心及時轉運包裹，儘管管理階層多方嘗試想解決問題，但夜班工人就是無法完成工作。這種低效導致延遲交貨，並使期望準時獲得服務的顧客感到失望。而問題的根本是夜班工人的獎勵體制度，當時他們是按工時付費。管理層後來的突破性做法，是將工資改為固定金額，並以整個班次來支付工資。這樣的調整為員工提供了直接激勵，使他們更快完成分撥工作，從而能更早回家。（查理．蒙格：《窮查理年鑑》，The Donning Company Publishers，Kindle版，第200頁）

◆關於光暈效應參見：https://de.wikipedia.org/wiki/Halo-Effekt

◆有時候人並不能察覺自己是否卡在一種有毒的獎勵體系中。此時旁觀者清，最好請朋友協助評估自己的處境。

## 25．當個疑神疑鬼的偏執狂

◆關於婚前契約：查理．蒙格說，如果有信任，就不需要婚前契約：»If your proposed marriage contract has 47 pages, my suggestion is that you not enter.« In Charles T. Munger: Poor Charlie's Almanack, The Donning Company Publishers, Kindle edition, S. 304.

◆關於「由應得的信任所構成的無縫網絡」：這是明智且理想的——如果人與人之間的關係，能在許多情況下且經歷一段時間後，由懷疑轉變為信任。能與合作夥伴達成這樣的關係，更尤其美好。我與我的同事——美國人（現在也是瑞士人）基普．布雷克利

（Kipper Blakeley）雖在二十年前共同創立了WORLD MINDS這個組織（www.worldminds.org），但一直到今天，都從未簽定過任何協約；我們對彼此有絕對的信任。而這正是巴菲特所說的：「由應得的信任所構成的無縫網路。」純粹的生活品質！

## 26．不把別人當一回事

◆Susan Scott: Fierce Conversations: Achieving Success at Work and in Life, One Conversation at a Time, Hachette Digital, Little Brown, 2002

## 27．永遠活在過去

◆查理．蒙格引文原文：»I don't spend much time regretting the past, once I've taken my lesson from it. I don't dwell on it.« In Janet Lowe: Damn Right!: Behind the Scenes with Berkshire Hathaway Billionaire Charlie Munger, John Wiley & Sons, 2000, Kindle edition, S. 45.

◆再者，我們的記憶相當不準確。人的大腦會羅織出一種並非真實發生過的記憶。

◆在費茲傑羅（F. Scott Fitzgerald）的小說《大亨小傳》中，蓋茨比積累了巨大的財富並舉辦奢華派對，只為了重新贏回曾經的初戀黛西的心。他奢華的生活方式，反映了對過去時光的渴望。他是如此美化榮耀著過去，以致於現在永遠無法滿足他。他對過去輝煌時光的執著，使他成為了過去的囚徒，無法放手走向現在。

◆既然這裡談到政治：保守派經常被稱為懷舊者，但這是錯誤的。懷舊是希望回到一個被理想化的過去；保守主義則通常意味著我們信任那些經過考驗的事物，不需跟隨每個新潮流。懷舊代表的是倒退原則，保守主義則是謹慎原則。

◆那位把我從對瑞航的懷舊情緒中拉回來的同事叫 Andreas Spycher。

## 28．聽從你內心的聲音

◆有些較新的研究指出，人的大腦每天大概會出現六千兩百個念頭。我對這個數字持懷疑態度，這意味著每個想法至少會持續十秒鐘，才會切換到下一個。你或許可以試著自己做一下實驗，除非你是冥想大師，否則這應該不會成功。摘自：Anne Craig: Discovery of »thought worms« opens window to the mind. In: Queens Gazette, July 13, 2020.（https://www.queensu.ca/gazette/stories/discovery-thoughtworms-opens-window-mind）

## 29．相信人都是理性的

◆有關經濟人的假設：「即使在經濟學教科書中並未明確將其列為假設，經濟理論實際上假定自我控制的問題並不存在。」»Although it is never stated explicitly as an assumption in an economics textbook, in practice economic theory presumes that self-control problems do not exist.« In Richard H. Thaler: Misbehaving: The Making of Behavioral Economics, W.W. Norton & Company, Kindle 版，第86頁。

◆舉個例子：你買了一支當前非常熱門的股票，但後來發現你買貴了很多。你的潛意識跟隨了群眾的腳步，但你會這樣合理化自己的購買行動：這支股票兩年後可能會增值兩倍。

## 30．成為虛無主義的信徒

◆對於卡繆來說，人類不斷尋求意義，但卻不管在哪裡都遍尋不著，這使生命變得「荒謬」。是的，甚至像革命、戰爭、發明等偉大歷史事件，宏觀看來也似乎毫無意義。»To Camus, the fact that humans search ceaselessly for meaning but do not find it anywhere in the world renders life absurd; everything – from grand historical events to the great effort we all put into living our lives – seems pointless.« 出自 Emily Esfahani Smith: The Power of Meaning: The true route to happiness, Penguin Random House UK, 2017，Kindle版，第486頁。

◆進入虛無主義的心態，比你想像的還簡單。喬丹・彼得森（Jordan Peterson）說：「每個傻瓜都可以選擇一個時間範疇，在那裡一切都毫無意義。」摘自 Jordan Peterson: »Any idiot can choose a frame of time within which nothing matters.«（https://www.

goodreads. com/quotes/9770611-there-will-always-be-people-better-than-you-thats-a-clich）

◆「宏大敘事」這一概念源自法國哲學家讓．弗朗索瓦．利奧塔（Jean-François Lyotard），他是後現代主義的奠基人之一。

◆再加上自然科學的發現，這些發現也無法定位任何意義——相反地，事實上並不存在宇宙的意義。

◆今天，有百分之四十的美國人表示他們找不到人生的意義：一場意義危機。»Four in ten Americans have not discovered a satisfying life purpose. And nearly a quarter of Americans – about one hundred million people – do not have a strong sense of what makes their lives meaningful.« Emily Esfahani Smith: The Power of Meaning: The true route to happiness, Penguin Random House UK, 2017, Kindle edition, S. 384.

◆關於甘迺迪總統訪問NASA的軼事趣聞：»The ability to fnd purpose in the day-to-day tasks of living and working goes a long way toward building meaning. It was the mindset, for instance, adopted by the janitor John F. Kennedy ran into at NASA in 1962. When the president asked him what he was doing, the janitor apparently responded saying that he was ›helping put a man on the moon‹.«（摘自»The Power of Meaning: The true route to happiness〔English Edition〕« von Emily Esfahani Smith）這與一句諺語的意思相符：「我們這些只切割石頭的人，必須時刻想像著大教堂。」»We who cut mere stones must always be envisioning cathedrals.« Andrew Hunt and David Thomas: The Pragmatic Programmer, From Journeyman to Master, Addison-Wesley, 1999, Vorwort S.10.

## 31．在每件事情中都看到災難

◆另一個關於災難化思維的例子：「請坐在椅子上，視線穿過窗戶望向天空。只要用點技巧，你很快就會在自己的視野裡看到許多微小的氣泡狀圓圈，當眼睛保持不動時，這些圓圈會慢慢向下沉降，但眨眼時，它們又會迅速上升。你還會發現，你愈專注看它們，這些圓圈似乎就愈多也愈大。此時，你或許會想著這是不是一種危險的疾病，因為當這些圓圈填滿你的整個視線時，你的視力會變得極度模糊。去看眼科醫生吧，他會試著解釋給你聽，這其實是完全無害的飛蚊症。」摘自Paul Watzlawick: Anleitung zum Unglücklichsein, Piper, S.41.

◆關於在二十四小時內死於交通事故的機率：在瑞士，每年大約有兩百一十五人死於交通事故。假設用路人有四百萬，且一年有三百六十五天，這樣的死亡概率為百分之〇．〇〇〇〇二。資料來源：https://www.bfu.ch/de/dossiers/ risiken-im-strassenverkehr。至於德國，假設每天有三千萬個用路人，每年有兩千八百人死於交通事故（來源：https://de.statista.com/statistik/daten/studie/185/umfrage/todesfaelle-imstrassenverkehr/#:~:text=Verkehrstote%20in%20Deutschland%20 bis%202023&text=Im%20Jahr%20

2023%20waren%20in,Menschen%20 im%20Stra%C3%9Fenverkehr%20t%C3%B6dlich%20verungl%C3%BCckt.），計算公式為：2800/30,000,000/365 = 0.000025%，機率與瑞士大致相同。

◆這百分之十的年回報率是指美國的S&P 500指數。正確的做法還需要扣除存款費用、交易成本、股息稅和財產稅。這適用於美國的S&P 500指數——全球最受歡迎的股票指數。»The average annualized return since its inception in 1928 through Dec. 31, 2023, is 9.90%. The average annualized return since adopting 500 stocks into the index in 1957 through Dec. 31, 2023, is 10.26%«（https:// www.investopedia.com/ask/answers/042415/what-average-annualreturn-sp-500.asp)0）

## 32．視金錢如糞土

◆諺語：»Don’t go broke trying to impress broke people.«

◆馬克斯．弗里施說：「我想到了英格博格和她對錢的看法；一疊鈔票和一筆酬金，讓她高興得像孩子一樣，然後她問我想要什麼東西。她說錢就是要拿來花的。而她是這樣花錢的：她不把錢當成是工作賺來的薪資，而是像取自一個公爵夫人的財庫，有時還是個窮公爵夫人。她習慣了節制；錢是一種運氣。她的錢，我的錢，我們的錢？你要麼擁有它，要麼就是沒有它；偶爾發現錢不夠時，她會驚愕不解得就好像這個世界有哪裡不太對勁一樣。但是她不會抱怨。她也沒有察覺到，向她邀稿的廣播電台付給她過低的報酬；漫不經心地簽署那些厚顏無恥的出版商所給的合同，沒有想過別人會如此算計。她給自己買了那麼多鞋子，就好像她是一隻千足蟲。我不知道她是怎麼做到的。我不記得她曾經後悔花過哪筆錢——不管是昂貴的房租，或是來自巴黎、在海灘上壞掉的手提包。反正錢總會離我們而去。」摘自 Max Frisch: Montauk: Eine Erzählung, Suhrkamp, Kindle edition, S. 193

◆關於利息的額外思考：»Why should my future goals matter more than those I have now?… Why should a youth suppress his budding passions in favor of the sordid interest of his own withered old age? Why is that problematical old man who may bear his name fifty years hence nearer to him now than any other imaginary creature? …Caring about yourself as it will be in the future is no more reasonable than caring about the self you are now. Less so, if your future self is less worth caring about.« In John Gray: Straw Dogs, Farrar Straus and Giroux, 2007, Paperback, S. 105. 我對 John Gray 的反駁意見是：複利，即在原本資本上所產生的額外資本，會使當前的放棄消費變得非線性且具有吸引力。

◆如果你覺得儲蓄很難——也許因為你目前收入不多或甚至正失業中——那就請回想一下自己年輕時的生活方式。想想你的第一個住處，你都做些什麼菜、如何度假、都把錢花在哪裡（或者沒有花在哪裡）。嚴格區分「真正需要」和「可有可無」，你會對自己可以怎樣用更少的東西過日子感到驚訝。順便一提，放棄消費不僅對銀行帳戶有正面影響，對你內心的平靜也很有用。

◆即使這個建議對你來說已經太晚，因為你已經組織了家庭，也要毫不妥協地確保每個月收入都能多於支出——這就是老祖母的規則。

## 33．培養自憐自艾的能力

◆一個現代文學中有關自憐的例子：在小說《鋼琴課》中，作家伊恩・麥克伊旺將其描述為「一種精心維護的失敗感和自憐感，源自生活從你身上所奪走的一切。」參見 Ian McEwan: Lektionen, Diogenes, Kindle 版，第679頁。

◆把過錯推到他人身上也稱為「推卸責任」（blame shifting）。

◆General Hal Moore: http://www.youtube.com/watch?v=PJo6YZTbPXg Time Code 3:50 »I didn't promise you a rose garden.«

◆查理・蒙格有關人生中的厄運：»It's …necessary to accommodate a lot of failure, and because no matter how able you are, you're going to have headwinds and troubles…If a person just keeps going on the theory that life is full of vicissitudes and just does the right thinking and follows the right values it should work out well in the end. So I would say, don't be discouraged by a few reverses.« In Peter Bevelin: All I Want To Know Is Where I'm Going To

Die So I'll Never Go There, PCA Publications, 2016, S. 57.

◆美國黑人經濟學家托馬斯・索威爾（Thomas Sowell）嚴厲批評受害者心態：「那些宣揚受害者意識形態的人，可能認為他們在幫助社會底層的人，但實際上他們是在傷害他們。」»Those who promote an ideology of victimhood may imagine that they are helping those at the bottom, when in fact they are harming them.« 參見：The Columbus Dispatch（https://eu.dispatch.com/story/opinion/cartoons/ 2013/12/03/thomas-sowell-commentaryvictimhood-is/24035607007/）

◆有些大學甚至是整個部門都在試圖說服人接受受害者心態。這種心態當今被稱為「覺醒」（Woke），在政治中則被稱為「身分政治」（Identity Politics）。

◆有關「自憐卡片」的故事：»You do not want to drift into self-pity. I had a friend who carried a thick stack of linen-based cards. When somebody would make a comment that reflected self-pity, he would slowly and portentously pull out his huge stack of cards, take the top one, and hand it to the person. The card said, ›Your story has touched my heart. Never have I heard of anyone with as many misfortunes as you.‹ Well, you can say that's waggery, but I suggest it can be mental hygiene. Every time you find you're drifting into self-pity, whatever the cause, even if your child is dying of cancer, self-pity is not going to help. Just give yourself one of my friend's cards. Self-pity is always counterproductive. It's the wrong way to think. And when you avoid it, you get a great advantage over everybody else, or almost everybody else, because self-pity is a standard response. And you can train yourself out of it.« In Charles T.Munger: Poor Charlie's Almanack, The Donning Company Publishers, Kindle edition, S.297)

◆關於蒙格的鋼鐵規則：»Whenever you think that some situation or some person is ruining your life, it's actually you who are ruining your life. It's such a simple idea. Feeling like a victim is a perfectly disastrous way to go through life. If you just take the attitude that however bad it is in any way, it's always your fault and you just fix it as best you can…« ebenda.

## 34．讓自己聽命於他人

◆參見 Ingeborg Bachmann 與 Max Frisch 的信件交流：Wir haben es nicht gut gemacht, Suhrkamp, 2022.

## 35．快速致富，快速變聰明

◆歷史上最大的龐茲騙局系統是由伯尼．麥道夫（Bernie Madoff）所設下，該騙局於二〇〇八年被揭露，估計造成六百五十億美元左右的損失。龐茲騙局不斷以各種形式出現，例如它會利用不同投資方式，還經常運用像加密貨幣這類新興技術，來誘騙毫無戒心的投資者。查爾斯・龐茲及其系統的故事變成了一種警示範例，提醒人們小心那些聽起來好得太過份的投資計畫。它也突顯了這句俗話永不過時：「如果有件事聽起來好得不像真的，那它很可能就不是真的。」

◆《你只需致富一次》（暫譯，原文名為*You Only Have To Get Rich Once*）：沃爾特・古特曼的書名，1961年（https://www.nytimes.com/1986/04/30/obituaries/walter-gutman-dies-an-analyst-and-artist.html）

◆關於指數基金，參見巴菲特對抗積極管理基金的十年賭局：https://www.finanzen.net/nachricht/etf/hedge fonds-geschlagen-warren-buffett-gewinnt-10-jahres-wette-und-zeigt-worauf-es-beim-investieren-wirklich-ankommt-5685785. 巴菲特詳細描述於：Warren Buffett: Letters to Shareholders 1965– 2023, Kindle edition, S. 1878.

## 36・讓思緒陷入無限迴圈

◆另一段美麗的沉思片段：「『再會了，親愛的維特！』——親愛的維特！這是她第一次稱我為『親愛的』，那一刻我心神盪漾。我重複了這句話好幾百遍，晚上要上床睡覺並與自己低聲交談時，突然間我說了：『晚安，親愛的維特！』然後我忍不住為自己發笑。」出自歌德《少年維特的煩惱》，Hamburger Ausgabe, Band 6，Kindle版，第一章。

◆另一部偉大的有關反覆思量的小說是普魯斯特的《追憶似水年華》。敘述者馬塞爾經常沉浸在過去事件和對話的詳細回憶中，他不斷地反覆分析這些回憶，這些過去的事件不僅僅被喚起，而是被他栩栩如生地重新體驗。

◆會讓我們反覆思量的通常是人際關係。例如我們就很少會陷入這樣的沉思：上次去策馬特的旅行中，應該多欣賞一會兒馬特洪峰。

## 37．拿自己的名聲換取金錢

◆一個較新的例子：擁有一百六十億美元財富的矽谷投資者安德烈亞斯．貝赫托爾斯海姆（Andreas Bechtolsheim），居然認為有必要為了（對他而言完全微不足道的）四十萬美元從事內線交易，並因此毀掉自己的聲譽。參見The New York Times, 23. April 2024 »In Silicon Valley, You Can Be Worth Billions and It's Not Enough«（https://www.nytimes.com/2024/04/23/ technology/andreas-bechtolsheimin-insider-trading.html）

◆巴菲特引言原文：»It's insane to risk what you have and need for something you don't really need.«（https://www.thestreet.com/investing/warrenbuffett-weighs-in-business-economy-14500016）雖然這是他針對「信貸投機」所說的話，但它同樣適用於腐敗的議題。

◆巴菲特罕見寫給他所屬企業集團執行長的信件，與他每年寫給波克夏．海瑟威股東的信函不能相提並論。那些寫給執行長的信件，通常不會公開。

◆再分享一個個人小故事：幾年後在我開始寫書時，一位企業家曾提議以一百萬美元為報酬，讓我寫一本美化他的傳記。一百萬美元，要還是不要全看我！我著實掙扎了一番，但終究拒絕了，畢竟寫傳記並不在我的專業範疇內。而幸好我拒絕了，因為幾年後那位企業家進了監獄。假若我寫了那本傳記，我的名聲大概就毀了。

◆關於巴菲特的「報紙測試」：參見Warren Buffett, Letter to CEO, 26 July, 2010: »We must continue to measure every act against not only what is legal but also what we would be happy to have written about on the front page of a national newspaper …«（https://www.petefowler.com/ blog/2011/03/21/warren-buffetts-biennial-letter）

◆有關灰色地帶的拿捏：參見Warren Buffett, Letter to CEO, 26 July, 2010: »There's plenty of money to be made in the center of the court. If it's questionable whether some action is close to the line, just assume it is outside and forget it.«（https://www.petefowler.com/blog/2011/03/21/warrenbuffetts-biennial-letter）

◆對第四點和最後一點的補充：這不僅關於你自己，即使你自己並不貪腐，也該遠離不正當的人。近墨者黑，與他們打交道對你遲早有負面影響。相反地，你該與那些比你更好的人為伍。所謂的「良師益友」，是美好生活的最佳保證。

## 38．迴避一切的困難與挑戰

◆輝達執行長黃仁勳在二〇二四年斯坦福大學 SIEPR 經濟高峰論壇上的主題演講（https://www.youtube.com/watch?v=cEg8cOx7UZ k&t=142s）原文，時間標記三十六分：»One of my advantages is that I have very low expectations. People with very high expectations have very low resilience. And unfortunately, resilience matters in success. I don't know how to teach it to you except for: I hope suffering happens to you!…Greatness is not intelligence. Greatness comes from character. And character is formed out of people who have suffered. If I could wish upon you. For all of you Stanford students, I wish to all of you ample doses of pain and suffering.«

◆有些人雖然生來就含著所謂的「銀湯匙」，但在後來的人生中依然必須面對重重考驗。例如《華盛頓郵報》的前發行人凱瑟琳．葛蘭姆（Katharine Graham），她的丈夫曾對她不忠且患有雙相情感障礙，最終並選擇自殺。此後，她還遭遇了五角大樓文件（Pentagon Papers）、水門事件（Watergate Scandal）以及幾乎使報社破產的員工罷工等挑戰。然而，葛蘭姆成功克服了這些危機，並從中汲取力量，最終變得更堅強且更發光發亮。參見：Katharine Graham: Personal History, Knopf, Reissued edition, 2002.

◆當痛苦太強烈、太深刻且持續時間過長，就不會產生「提升」作用，反而可能會造成一種消極的世界觀，並導致風險迴避和抑鬱。例如，許多二戰期間的猶太人大屠殺倖存者都患有創傷後壓力症候群（PTSD）、抑鬱症和嚴重的焦慮症。他們在大屠殺中經歷的創傷，對他們的心理健康往往產生長期影響。

## 39．盡情發洩你的情緒

◆反思憤怒可能帶來的負面後果（例如，關係破裂、愚蠢的投資決策、錯失的機會），可以讓我們避免在憤怒的影響下採取行動。

◆這是一篇所謂的整合分析研究：參見 Sophie L. Kjaervik und Brad J. Bushman: A meta-analytic review of anger management activities that increase or decrease arousal: What fuels or douses rage? Clinical Psychology Review, Volume 109, 2024, 102414, ISSN 0272-7358

◆不要認同你的情緒，否則你會陷入自我實現的預言。例如，如果你把自己看作一個容易焦慮的人，你實際上會變得更焦慮。同理，憤怒、嫉妒或憤慨也是如此。

## 40．試圖結束自己的生命

◆有關於我們無法預測自己情緒，也被稱為「情感預測」（affective forecasting）。參見：https://en.wikipedia.org/wiki/Affective_ forecasting

◆參見丹尼爾．丹內特（Dan Dennett）：http://edge.org/event/headcon-13-whats-new-insocialscience

◆不要當一個去臥軌的自私渾蛋：https://de.wikipedia.org/wiki/Schienensuizid#cite_note-aaz-2015- 04-02-2

## 41．跟錯誤的人結婚，然後當一輩子怨偶

◆在德國，離婚率約為百分之三十。（https://www.bib. bund.de/DE/Fakten/Fakt/L131-Zusammengefasste-Ehescheidungs ziffer-Deutschland-West-Ost-ab-1970.html.）在瑞士，離婚率則約為百分之四十。（https://www.bfs.admin.ch/bfs/de/ home/statistiken/bevoelkerung/heiraten-eingetragene-partnerschaf ten-scheidungen/scheidungshaeufigkeit.html.）作者本人也為這一數字作出了貢獻。

◆關於人本性難移這個事實的研究：

—Hudson, W. W., & Fraley, R. C. (2015). Volitional personality trait change: Can people choose to change their personality traits? Journal of Personality and Social Psychology, 109(3), 490–507. DOI: 10.1037/pspp0000023 Summary: While this study primarily focuses on personality trait change, it also touches on the importance of compatibility in relationships. Compatibility involves alignment in personality traits, values, and goals between partners. The research suggests that compatibility contributes to relationship satisfaction and stability over time.

—Luo, S., & Klohnen, E. C. (2005). Assortative mating and marital quality in newlyweds: A couple-centered approach. Journal of Personality and Social Psychology, 88(2), 304–326. DOI: 10.1037/0022-3514.88.2.304 Summary: This study examines assortative mating, which refers to the tendency of individuals to select partners who are similar to themselves. The research suggests that couples who are more similar in various domains, including personality traits, attitudes, and values, tend to report higher levels of marital satisfaction and quality.

◆意圖改變另一半是愚蠢的：查理．蒙格原文：»If you want to guarantee yourself a life of misery, marry somebody with the idea of changing them.« 參見Peter Bevelin: All I Want To Know Is Where I'm Going To Die So I'll Never Go There, PCA Publications, 2016, S. 108

◆決定結婚之前，多次嘗試（約會）是必要的：套句投資者彼得．泰爾（Peter Thiel）的話：「如果你決定和在拉斯維加斯賭場機器旁遇到的第一個人結婚，或許你會中頭獎，但這很可能是個餿主意。」Peter Thiel: »If you decide to get married to the first person you meet at the slot machine in Las Vegas, you might hit the lottery ticket, but it's probably a bad idea.« WSJ Video Interview, Time Code 5:00.（https:// www.wsj.com/articles/peter-thiel-competition-is-forlosers-1410535536）

◆關於「祕書問題」：https://de.wikipedia.org/wiki/Sekretärinnen problem

◆為錢結婚是很蠢的行為：參見巴菲特原文：»I think that's kind of a crazy way to live. It's probably a bad idea under any circumstances, but absolute madness if you are already rich.« In Warren Buffett: Letters to Shareholders 1965–2023, Kindle edition, Year 1985, S. 403.

## 42．當個愛記恨的人

◆一個來自文學的例子。尚萬強是雨果《悲慘世界》中的主人翁，他在經歷了多年不公正的囚禁後遇到了當地主教，而主教徹底排除了他內心積壓的憤怒和怨恨。

◆關於蒙格失敗的眼睛手術，原文敘述如下：»…in 1978, Munger underwent what he described as an old-fashioned cataract operation at the Good Samaritan Hospital in Los Angeles. ›This all happened 25 years ago,‹ said Munger. ›A new and better operation had been invented, but I didn't pay attention – I just went along with the doctor that recommended the old one that he knew how to do. The new type of surgery had a complication rate of no more than 2 percent while the (surgery) I had had a 5 percent complication rate. The man who did the first operation? I won't tell you his name. A perfectly nice guy. Our family eye doctor. I made the mistake – the fault was mine.‹ After the surgery, Munger fell victim to a rare and devastating complication. ›I developed an epithelial downgrowth,‹ he explained. ›A few cells of the outside of the eye got inside the eye, which is virtually impossible with the new operation. When that happens, the cells from the outside just proliferate. They take over the interior of the eye and raise the pressure, and that kills the optic nerve.‹ The condition is similar to cancer, except that the growth does not spread outside the eye. Munger was in such agony that he decided there was one thing worse than a blind eye, and that was a blind eye that hurt. In 1980 Munger had the doctors eviscerate, or scoop out, the innards of the left eye and cover the eyeball with a glass eye.« In Janet Lowe: Damn Anhang 341 Right!: Behind the Scenes with Berkshire Hathaway Billionaire Charlie Munger, John Wiley & Sons, 2000, Kindle edition, S. 146.

◆蒙格的鋼鐵紀律：»Every time you think some person, or some unfairness is ruining your life, it is you who are ruining your life.« ebenda S. 224.

◆有關政壇上的記恨情緒。下面的例子展現了這種有毒情緒是如何被化解的：»I agreed with a charming message I got from George McGovern after he had been defeated for the presidency. He recalled making some bitter remarks about a couple of our columnists at a dinner party but wrote me: I have regretted that outburst and I have also established that the maximum time I can carry a grudge is about three months. This note is simply to say that I have now forgotten all campaign grudges. It is just too difficult trying to remember which people I'm supposed to shun. With rare exceptions, I feel strongly that McGovern's rule is an appropriate one for all of us. The longer I live, the more I observe that carrying around anger is most debilitating to the person who bears it.« In Katharine Graham: Personal History, Knopf, Reissued edition, 2002, S. 604.

◆有關查理・蒙格對於怨恨的看法：「如果你渴望過著悲慘的人生，那我強烈建議你這麼做。山繆・詹森（Samuel Johnson）說得對，他提到生活本來就難以下嚥，何必再夾帶著怨恨的苦皮一起吞。」»Resentment has always worked for me exactly as it worked for Carson. I cannot recommend it highly enough to you if you desire misery. Johnson spoke well when he said that life is hard enough to swallow without squeezing in the bitter rind of resentment.« (https://jamesclear.com/great-speeches/how-to-guarantee-a-life-of-misery-by-charlie-munger )

◆這裡還有另一種方法：聰明的英國首相迪斯雷利（Disraeli）曾把那些待他不公的人的名字寫在紙條上，並將它們鎖在抽屜裡。這樣他的怨恨就消失了，然後很久之後——好幾年——他偶爾會打開抽屜讀一下那些名字，並很高興地看到自己什麼都不用做他的敵人就自食其果了。簡略改寫自查理・蒙格原文：»For those of you who want misery, I also recommend refraining from practice of the Disraeli compromise, designed for people who find it impossible to quit resentment cold turkey. Disraeli, as he rose to become one of the greatest Prime Ministers, learned to give up vengeance as a motivation for action, but he did retain some outlet for resentment by putting the names of people who wronged him on pieces of paper in a drawer. Then, from time to time, he reviewed these names and took pleasure in noting the way the world had taken his enemies down without his assistance.« In Charles T. Munger: Poor Charlie's Almanack, The Donning Company Publishers, Kindle edition, S. 71.

## 43．獻身某種意識形態

◆這是丹尼爾．丹內特在其著作 *Breaking the Spell: Religion as a Natural Phenomenon* 中的核心論點。

◆關於「月亮教」（Moonies，也稱為「統一教」）的介紹：（https://en.wikipedia. org/wiki/Unification_Church//）投資家查理．蒙格對此說過：「人是怎樣把一個只是有點不快樂的正常孩子，帶到鄉下去度一個周末，然後就讓他變成一個被洗腦的僵屍，一輩子在街角賣花？……月亮教徒透過結合心理學上具有同樣作用的方法來做到這一點。可以引發這類可悲意識的標準技巧，大約有二十種。而月亮教徒已經找到，可以同時應用其中四、五、六、七或八種技巧的方法……。」（https://cmqinvesting.substack.com/p/the-charlie-mungerguide-to-lollapalooza）

◆關於丹尼爾．丹內特引言原文：»There's simply no polite way to tell people they've dedicated their lives to an illusion.« In: The New York Times, 19. April 2024（https://www.nytimes.com/2024/04/19/books/daniel-dennettdead.html）

◆財產是虛構概念：不管你在一塊地上挖多少次，都不會找到一張寫著土地所有者名字的紙條。然而我們還是接受這樣的共識：鄰居的房子屬於鄰居，而不屬於我。

◆一種「正確的」全球秩序的虛構概念：到底應該遵循哪種法治的全球秩序？是今天的秩序嗎？還是一九四五年的秩序？那為什麼不選擇一九一四年、一八一五年，或者是來自古代的某種秩序呢？

◆尊嚴的虛構概念：尊嚴是如何產生的？在何時產生的？是當精子的最前端分子與卵子的第一個分子相互作用時，還是當三十億對DNA鹼基對中的最後一對重組完成時？

◆反對科學與真相的嚴肅性：對此亦請參見Paul K. Feyerabend: Interview in Rom 1993, Time Code 6:00（https:// www.youtube.com/watch?v=sE1mkIb1nmU）

◆有關嘲弄與諷刺的重要性：Peter Sloterdijk: »How much truth is contained in something can be best determined by making it thoroughly laughable and then watching to see how much joking around it can take. For truth is a matter that can withstand mockery, that is freshened by any ironic gesture directed at it. Whatever cannot withstand satire is false.« Peter Sloterdijk: Critique of Cynical Reason, The University of Minnesota Press, 1987, S. 288

## 44・試圖改變別人

◆特奧多爾・馮塔納（Theodor Fontane）在《艾菲・布里斯特》（*Effi Briest*）中探討了類

似的主題。在這部小說中，艾菲試圖適應當代社會的嚴苛要求。她的丈夫，因斯泰登男爵（Baron von Innstetten），也試圖將艾菲變成一位完美的普魯士家庭主婦。儘管她努力成為一位忠誠且順從的妻子，艾菲仍無法壓抑她年輕時的那種嚮往悠然自在的本性。雖然沒有結束自己的生命，但她終究孤獨而死。

◆查理．蒙格說：「如果你想保證過著悲慘的人生，那就帶著改變對方的想法去結婚。」»If you want to guarantee yourself a life of misery, marry somebody with the idea of changing them.« In Peter Bevelin: All I Want To Know Is Where I'm Going To Die So I'll Never Go There, PCA Publications, 2016, S. 108.

◆因為對青少年最具影響力者不再是父母、老師，甚至也不是社群媒體，而是朋友和認識的人的圈子，也就是那些他們最常拿來做比較的人。給自己一個建議吧：與比你更好的人為伍，這樣你的個性也會被提升。反之亦然。此外，其實還有第二個例外：精神藥物也會改變人的性格。

◆關於這點還有倫理上的疑慮，也就是即使改變自己或他人是可能的，我們是否真的可以這樣做？因為一個被改變的人，已經不再是原來的那個人。例如，如果我成功地改變了我的朋友，那就等於抹去了原有的那個他。他不再存在了，一個新的他取而代之。即使我在改變他之前取得他的同意，這個「被改變了的」朋友也可能會對我進行的這種人格改變感到不滿，因為他現在已經是另一個人。也許他會因此跟我終止友誼，因為以他現在的個性，可能不再覺得我這個朋友對他有具有吸引力。更遑論這種改變對他社交圈的影響和後果。Derek Parfit和Thomas Nagel對此多所著墨。（Derek Parfit: Reasons and Persons. Thomas Nagel: Other Minds）

## 45．總是有什麼就說什麼

◆關於英格博格．巴赫曼所言：「人是可以承受真相的。」——於戰爭盲人廣播劇獎頒獎典禮上的演講。收錄於：Kritische Schrifen. Herausgegeben von Monika Albrecht und Dirk Göttsche. Piper, 2005, S. 246–248.

◆弗里施與巴赫曼承諾彼此會完全坦誠：「我們必須見面，而且得知無不言言無不盡，英格。」—— 一九五九年六月二十九日，弗里施寫給巴赫曼的第七十四封信，收錄於：»Wir haben es nicht gut gemacht.« Ingeborg Bachmann, Max Frisch: Wir haben es nicht gut gemacht, Suhrkamp, 2022, S. 129.

◆巴菲特：一直到二〇二三年，他的副手查理．蒙格都是他最擅長諷刺的搭檔；遺憾的是，蒙格在同年去世。

◆有關波克夏．海瑟威二〇二四年股東大會股東指南：»Do not ask what we are buying or selling. Even if the information is public, we do not discuss how we arrive at our decisions. We also will not discuss politics. Any other subjects are fair game.« (https://www.berkshirehathaway.com/meet01/visguide2024.pdf)

## 46・相信自己能一心多用

◆有關卡爾・紐波特的書：Deep work: Rules for Focused Success in a Distracted World. Grand Central, 2016.

◆如果我們有兩個或更多大腦，或許我們就能成功地進行多任務處理。

◆有關蘇菲・勒羅伊的研究：»Why is it so hard to do my work? The challenge of attention residue when switching between work tasks«, Organizational Behavior and Human Decision Processes, Volume 109, Issue 2, 2009, Pages 168–181, ISSN 0749-5978, https://doi.org/10.1016/j.obhdp.2009.04.002. (https://www.sciencedirect.com/science/article/pii/S0749597809 000399)»…it is difficult for people to transition their attention away from an unfinished task and their subsequent task performance suffers.«

## 47・永遠只做表面工夫

◆有關「深度工作」與「淺層工作」的用語出自卡爾・紐波特：Deep Work. Rules for Focused Success in a Distracted World. Grand Central, 2016.

◆可惜我們沒辦法把所有的低效能活動都從生活中移除。尤其是在個人生活中，你就是必須接受某些無聊的事：購物、割草、打掃、繳費、在兒童遊樂場上耐心等候。

◆作家菲利普・羅斯引言原文：»The concentration, the focus, the solitude, the silence, all the things that are required for serious reading are not within people's reach anymore.« Christine Kearney: Philip Roth refects on novel's decline and »Nemesis« in: Reuters, October 5, 2010.（https:// www.reuters.com/article/idUSTRE6942MM/）

◆作家伊恩・麥克伊旺引言原文：»Generally, the afternoons, I try to leave for reading. Take the reading seriously – between 2 and 4. Not answer the phone, because I am reading…I remember when I was a devoted reader as a child, if you were reading a book people would assume you are doing nothing, and they would talk to you. If someone was playing tennis you wouldn't walk onto the court and start engaging him in a conversation. Reading is at least as important as playing tennis.«（https://www.youtube.com/watch? v=KBrCngwREXg, Time Code 2:30）

◆關於查理・蒙格驚人的專注力：»I don't look at waiter's faces, so I never recognize them later,« grumbled Charlie. »It's a terrible habit to live with. Very embarrassing.« Why doesn't he look at people? »I'm always thinking about other things. I forget to look around.« In Janet Lowe: Damn Right!: Behind the Scenes with Berkshire Hathaway Billionaire Charlie Munger, John Wiley & Sons, 2000, Kindle edition, S. 61. »Charlie has enormous powers of concentration,« said Otis Booth, Munger's partner on his first two real estate projects. »When he concentrates, everything else goes away.« Ebenda.

◆為巴菲特作傳的傳記作家愛麗絲・施洛德談到查理・蒙格：»Munger was famous for getting into cabs while people were talking to him as if he did not hear them and for disappearing through doors the second he finished talking without waiting for a response.« In: The Snowball: Warren Buffett and the Business of Life, Bantam, 2008, Kindle edition, S. 399.

◆有關比爾・蓋茲的超級專注力：»Gates worked with such intensity for such lengths …that he would often collapse into sleep on his keyboard in the middle of writing a line of code. He would then sleep for an hour or two, wake up, and pick up right where he lef of …« In Cal Newport: Deep Work. Rules for Focused Success in a Distracted World. Grand Central, 2016, S. 257. See also the examples of Teddy Roosevelt and Peter Higgs.

◆關於專心與注意力：沒有人寫得比詩人瑪麗・奧利佛（Mary Oliver）更具詩意：「這是我所知道的第一件最狂野也最具智慧的事：靈魂存在，而且是完全由注意力構成。」參見：The New York Times: David Brooks: The Quiet Magic of Middle Managers, 11 April 2024.

## 48・與病態為伍

◆查理・蒙格引言原文：»I just laid out a wonderful life lesson for you. Give a whole lot of things a wide berth …Crooks, crazies, egomaniacs, people full of resentment, people full of self-pity, people who feel like victims – there's a whole lot of things that aren't going to work for you; figure out what they are and avoid them like the plague.« In: A Conversation with Charlie Munger and Michigan Ross (Ross School of Business) 2017（https:// www.youtube.com/watch?v=S9HgIGzOENA&t=2407s）Time Code 40:00.

◆關於人格病態的母親送給兒子兩件襯衫的例子：Paul Watzlawick: Anleitung zum Unglücklichsein, Piper, Taschenbuch. S.85。另一個例子：「你表達了想得到某件禮物的願望，得到它時卻感到失望，因為你是說出了這個願望『才』得到它。」出處同，第100頁。或者：「說或做一些別人可以認真也可以戲謔看待的事，然後根據伴侶的反應，指責他把嚴肅的事情當作笑話看，或根本缺乏幽默感。」出處同。

◆自戀者會這樣說：「人們應該感謝這個項目有我的參與。」

◆關於「零基情感」：»Warren (Bufett) is humanly wise, too, so naturally I began to share with him things in my private life. His comments always helped. One day I called him because I had been hurt by a friend. ›Don't forget,‹ he told me, ›she has zero-based affection,‹ meaning that you always had to start from scratch, with no reservoir of goodwill or of love.« In Katharine Graham: Personal History, Knopf, Reissued edition, 2002, S.604.

◆巴菲特說：»…we would rather achieve a return of X while associating with people whom we strongly like and admire than realize 110% of X by exchanging these relationships for uninteresting or unpleasant ones.« In Warren Buffett: Letters to Shareholders 1965–2023, Kindle edition, S. 445.

## 49・跳進競爭的泥沼

- 「競爭是留給失敗者的。」出自彼得・泰爾在史丹佛商學院的演講。時間：第三十七分（https://www.youtube. com/watch?app=desktop&v=3Fx5Q8xGU8k&t=837s）
- 巴菲特：»The secret of life is weak competition.«（https://buffett.cnbc. com/video/1998/05/04/buffett-the-secret-of-life-is-weak-competi tion.html TC 01:00）
- 珍妮弗・杜德納引言原文：»I've looked for opportunities where I can fill a niche where there aren't too many other people with the same skill sets.« In Walter Isaacson: The Code Breaker: Jennifer Doudna, Gene Editing, and the Future of the Human Race, Simon & Schuster, Kindle edition, S. 6.
- 彼得・泰爾：「如果你想創造並保有長期價值，就該著眼於建立壟斷。」»If you want to create and capture lasting value, look to build a monopoly.«（https://www.wsj.com/articles/peter-thiel-competition-isfor-losers-1410535536）
- 羅傑・馬丁（Roger Martin）被認為是全球頂尖策略專家。所謂策略就是選擇一個你在其中有可能成為最優秀者的領域。市場的大小並不那麼重要，最重要的是創造一個你最有可能獲勝的利基市場。

◆亨利・季辛吉引言原文：»The reason that university politics is so vicious is because stakes are so small«（https://www.goodreads.com/quotes/ 609695-the-reason-that-university-politics-is-so-vicious-is-because）

◆關於兩個禿子為一把梳子爭吵，參見：https://jungle.world/artikel/2022/25/zwei-kahle-und-ein-kamm

## 50・對一切來者不拒

◆關於這個約就在明天的假設，是一位叫Guy Spier的朋友所給的建議。

◆關於巴菲特對員工的請求之原文：»Please turn down all proposals for me to speak, make contributions, intercede with the Gates Foundation, etc. Sometimes these requests for you to act as intermediary will be accompanied by ›It can't hurt to ask‹ It will be easier for both of us if you just say ›no‹.« In Peter Bevelin, All I Want To Know Is Where I'm Going To Die So I'll Never Go There, PCA Publications, 2016, S. 52.

◆「五秒鐘拒絕法」原本來自查理・蒙格：»The other thing is the five-second no. You've got to make up your mind. You don't leave people hanging.« In Lowe, Janet: Damn Right, Behind the Scenes with Berkshire Hathaway Billionaire Charlie Munger, John Wiley & Sons,

2000, Kindle edition, S. 54.

◆愛爾蘭作家蕭伯納德回絕邀請的方式，通常就不太有技巧。例如他在收到西愛丁堡工黨的邀請時回覆：「與其接受邀請，淹死我自己還更輕鬆愉快些。」»It would be easier and pleasanter to drown myself.«（https://news.lettersofnote.com/p/i-decline-to-sit-in-a-hotroom-and?utm_source=Live%2BAudience&utm_campaign=1586f44658 -nature-briefing-daily-20240514&utm_medium=email&utm_term=0_ b27a691814-1586f44658-51766704）

◆我們不願意說不的第二個原因是所謂的「錯失恐懼症」（»fear of missing out« FOMO）——害怕錯過什麼。然而，這種恐懼完全是毫無根據的，你可能錯過的事有成千上萬，而且你也肯定會錯過。多錯過或少錯過幾個並不重要，重要的是，你所選擇的必須真正符合你的目標。

◆塞內卡引言：»It is not that we have a short time to live, but that we waste a lot of it …So it is: we are not given a short life but we make it short, and we are not ill-supplied but wasteful of it …Life is long if you know how to use it.«（https://www.themarginalian.org/2014/09/01/seneca-onthe-shortness-of-life/）

## 51．把自己的人生塞滿垃圾

◆有關「把錢花在獲得體驗上遠勝過購買東西」的研究結果很明確。康奈爾大學教授 Tom

Gilovich在這個領域居領先地位。Hamblin, James: »Buy Experiences, Not Things«. The Atlantic Magazine. Retrieved October 7, 2014

◆近藤麻理惠《怦然心動的人生整理魔法》：Marie Kondo: *Magic Cleaning: Wie richtiges Aufräumen Ihr Leben verändert*. Rowohlt, Reinbek bei Hamburg 2013

## 52．跌進內容的陷阱

◆X上的推文數量：https://whatsthebigdata.com/twitter-statistics/#

◆而且這還只涉及由人類創造的內容。不久之後，人工智慧更將大量生產內容。

◆另一種過濾作用：相較於免費內容，付費內容通常會更經過嚴格審核，前者可能會包含廣告、偏見、宣傳或明顯錯誤。因此請注意你的訊息來源，並小心合成的陷阱。隨著合成內容日益增多，要區分真實見解與演算法生成的點擊誘餌，會愈來愈難。你得保持警覺，如果內容看起來太個人化且太完美，就應該小心。

## 結語與謝辭

◆關於西斯汀小教堂參見馬特．瑞德利：»On the ceiling of the Sistine Chapel, Adam and God touch fingers. To the uneducated eye it is not clear who is creating whom. We are supposed to assume God's the one doing the creating, and much of the world thinks so. To anybody who has read the history of the ancient world, it is crystal clear by contrast that, in the words of the title of Selina O'Grady's book on the subject, Man Created God.« In Matt Ridley: The Evolution of Everything: How Small Changes Transform Our World, Harper Collins, 2015, Kindle edition, Position 3733, Chapter 14. In Matt Ridley: The Evolution of Everything: How Small Changes Transform Our World, Harper Collins, 2015, Kindle edition, Position 3733, Chapter 14.

◆有關角色調換：巴菲特引言原文：»I would also always ask, ›If our roles were reversed, what questions would you ask me if I were running your business?‹« In Peter Bevelin: All I Want To Know Is Where I'm Going To Die So I'll Never Go There, PCA Publications, 2016, S.164

◆Richard Thaler: »'…. using these heuristics causes people to make predictable errors. Thus the title of the paper: heuristics and biases.« In Richard Thaler: Misbehaving: The Making of Behavioral Economics, W.W. Norton & Company, Kindle edition, S.21

國家圖書館出版品預行編目資料

人生不踩雷的藝術：52個如何避免毀掉人生的技巧 / 魯爾夫・杜伯里（Rolf Dobelli）著 ; 鐘寶珍 譯. -- 初版. -- 臺北市 : 商周出版, 城邦文化事業股份有限公司出版 : 英屬蓋曼群島商家庭傳媒股份有限公司城邦分公司發行, 2025.04
面 ; 14.8×21公分
譯自 : Die Not-To-Do-Liste: 52 Wege, die größten Lebensfehler zu vermeiden.
ISBN 978-626-390-477-4（平裝）
1. CST: 成功法　2. CST: 生活方式　3. CST: 幸福
177.2　114002169

# 人生不踩雷的藝術：52個如何避免毀掉人生的技巧

**原著書名** / Die Not-To-Do-Liste: 52 Wege, die größten Lebensfehler zu vermeiden
**作者** / 魯爾夫・杜伯里（Rolf Dobelli）
**譯者** / 鐘寶珍
**責任編輯** / 陳薇

**版權** / 吳亭儀、游晨瑋
**行銷業務** / 周丹蘋、林詩富
**總編輯** / 楊如玉
**總經理** / 彭之琬
**事業群總經理** / 黃淑貞
**發行人** / 何飛鵬
**法律顧問** / 元禾法律事務所　王子文律師
**出版** / 商周出版
城邦文化事業股份有限公司
台北市南港區昆陽街 16 號 4 樓
電話：(02) 2500-7008 傳眞：(02) 2500-7579
E-mail：bwp.service@cite.com.tw
**發行** / 英屬蓋曼群島商家庭傳媒股份有限公司城邦分公司
台北市南港區昆陽街 16 號 8 樓
書虫客服服務專線：(02) 2500-7718・(02) 2500-7719
24 小時傳眞服務：(02) 2500-1990・(02) 2500-1991
服務時間：週一至週五 09:30-12:00・13:30-17:00
劃撥帳號：19863813　戶名：書虫股份有限公司
讀者服務信箱 E-mail：service@readingclub.com.tw
城邦讀書花園 網址：www.cite.com.tw
**香港發行所** / 城邦（香港）出版集團有限公司
香港九龍土瓜灣土瓜灣道 86 號順聯工業大廈 6 樓 A 室
電話：(852) 2508-6231　傳眞：(852) 2578-9337
E-mail：hkcite@biznetvigator.com
**馬新發行所** / 城邦（馬新）出版集團 Cité (M) Sdn. Bhd.
41, Jalan Radin Anum, Bandar Baru Sri Petaling,
57000 Kuala Lumpur, Malaysia
電話：(603) 9057-8822　傳眞：(603) 9057-6622

**封面設計** / A+ Design
**內文排版** / 新鑫電腦排版工作室
**印刷** / 韋懋實業有限公司
**經銷商** / 聯合發行股份有限公司
電話：(02) 2917-8022　傳眞：(02) 2911-0053
地址：新北市 231 新店區寶橋路 235 巷 6 弄 6 號 2 樓

■2025年4月初版
**定價 450 元**

Printed in Taiwan
城邦讀書花園
www.cite.com.tw



ISBN　9786263904774
ISBN　9786263904743（EPUB）

商周出版

| 廣告回函 |
| --- |
| 北區郵政管理登記證 |
| 台北廣字第000791號 |
| 郵資已付，免貼郵票 |

115台北市南港區昆陽街16號4樓

**英屬蓋曼群島商家庭傳媒股份有限公司　城邦分公司**

請沿虛線對摺，謝謝！

商周出版

**書號：**BK5234　**書名：**人生不踩雷的藝術　**編碼：**

請於此處用膠水黏貼

商周出版

線上版讀者回函卡

# 讀者回函卡

感謝您購買我們出版的書籍！請費心填寫此回函卡，我們將不定期寄上城邦集團最新的出版訊息。

姓名：＿＿＿＿＿＿＿＿＿＿＿＿＿＿＿＿＿＿ 性別：□男 □女

生日：西元＿＿＿＿＿＿年＿＿＿＿＿＿月＿＿＿＿＿＿日

地址：＿＿＿＿＿＿＿＿＿＿＿＿＿＿＿＿＿＿＿＿＿＿＿＿

聯絡電話：＿＿＿＿＿＿＿＿＿＿ 傳真：＿＿＿＿＿＿＿＿＿＿

E-mail ：

學歷：□ 1. 小學 □ 2. 國中 □ 3. 高中 □ 4. 大學 □ 5. 研究所以上

職業：□ 1. 學生 □ 2. 軍公教 □ 3. 服務 □ 4. 金融 □ 5. 製造 □ 6. 資訊

□ 7. 傳播 □ 8. 自由業 □ 9. 農漁牧 □ 10. 家管 □ 11. 退休

□ 12. 其他＿＿＿＿＿＿＿＿＿＿＿＿＿＿＿＿＿＿＿＿

您從何種方式得知本書消息？

□ 1. 書店 □ 2. 網路 □ 3. 報紙 □ 4. 雜誌 □ 5. 廣播 □ 6. 電視

□ 7. 親友推薦 □ 8. 其他＿＿＿＿＿＿＿＿＿＿＿＿＿＿

您通常以何種方式購書？

□ 1. 書店 □ 2. 網路 □ 3. 傳真訂購 □ 4. 郵局劃撥 □ 5. 其他＿＿＿＿

您喜歡閱讀那些類別的書籍？

□ 1. 財經商業 □ 2. 自然科學 □ 3. 歷史 □ 4. 法律 □ 5. 文學

□ 6. 休閒旅遊 □ 7. 小說 □ 8. 人物傳記 □ 9. 生活、勵志 □ 10. 其他

對我們的建議：＿＿＿＿＿＿＿＿＿＿＿＿＿＿＿＿＿＿＿＿＿＿

＿＿＿＿＿＿＿＿＿＿＿＿＿＿＿＿＿＿＿＿＿＿＿＿＿＿＿＿＿

＿＿＿＿＿＿＿＿＿＿＿＿＿＿＿＿＿＿＿＿＿＿＿＿＿＿＿＿＿



請於此處用膠水黏貼